多向思考者

高敏感人群的内心世界

[法]克莉司德·布提可南（Christel Petitcollin）◎著　杨蛰◎译

JE
PENSE
TROP

北京联合出版公司
Beijing United Publishing Co.,Ltd.

图书在版编目（CIP）数据

多向思考者 ：高敏感人群的内心世界 /（法）克莉司德 · 布提可南著 ；杨蛰译. -- 北京 ：北京联合出版公司，2018.9

ISBN 978-7-5502-6604-9

Ⅰ. ①多… Ⅱ. ①克… ②杨… Ⅲ. ①心理学－通俗读物 Ⅳ. ①B84-49

中国版本图书馆CIP数据核字(2018)第143151号

Original title: Je pense trop : Comment canaliser ce mental envahissant

The simplified Chinese translation rights arranged through Rightol Media
（本书中文简体版权经由锐拓传媒取得 Email:copyright@rightol.com）

本书译稿为台湾大树林出版社授权

多向思考者：高敏感人群的内心世界

作　　者：[法]克莉司德 · 布提可南
译　　者：杨　蛰
选题统筹：慢半拍 · 何勇斌
产品经理：慢半拍 · 张志元
责任编辑：管　文
封面设计：异一设计
版式设计：红杉林

北京联合出版公司出版
（北京市西城区德外大街83号楼9层　　100088）
北京联合天畅发行公司发行
北京时捷印刷有限公司印刷　　新华书店经销
字数250千字　　880毫米 × 1230毫米　　1/32　　8.5印张
2018年9月第1版　　2018年9月第1次印刷
ISBN 978-7-5502-6604-9
定价：45.00元

本书若有质量问题，请与本公司图书销售中心联系调换。
电话：010-84369312　010-84369315　010-64243832

目录

前言

你就是独一无二的天才

卡蜜是一个 20 多岁的大学生，她来到我的办公室寻求咨询，因为她觉得自己“缺乏自信心”。当她在诉说自身的问题时，整个人的情绪排山倒海而来，有时紧咬双唇，有时把她的拳头轻放在嘴上，同时泪水不停地在眼眶中打转。当她反复不停地诉说着自己的困扰时，她不时为自己过于敏感这件事感到抱歉。从她纷乱的叙述中，我渐渐了解了卡蜜。她是一个既聪明又富有创意的女孩，在人生的路途上没有太大的失常。她每年都通过大学的学期测试，顺利晋级，连自己都感到吃惊。然而，这一切的顺遂，没有让她更清楚自己的方向。随着时间的流逝，她越来越对自己的存在感到疑惑。当卡蜜的每个同学都看似一步一步往设定的人生目标迈进时，她却感到茫然失措，不知道自己的人生目标是什么，自己的定位在哪里，在社会中要往何处前进。

她渐渐感受到自己像是戴上了一个面具，木然游走于人群之中。

在日常社交中，她也觉得自己与其他人不同，像是个圈外人。对于同辈们所关注的嗜好、谈话的主题，一点儿兴趣也没有。当她参加朋友的聚会时，在某一瞬间，她的心中会油然而生一股格格不入、无法融入大家的感觉。

她会突然充满疑惑地问自己：为什么我会参加这个聚会？我正在做什么？同时，她也想知道其他人为什么好像可以愉悦地享受这场聚会，而她却不行。对她而言，宴会上的所有欢乐喧闹是那么虚假空泛。当下，她只有一个想法，就是赶紧离开这个人声鼎沸之地，回到自己的家。

一直以来，卡蜜试图理解自己身上发生了什么事情。自己出了什么问题？她不时充满着疑虑，还有疯狂的想法。她不明白自己到底怎么了。她一直试图寻找出口，但终究只在痛苦和绝望中度过。因此，她抑郁症的症状也越来越明显了。

卡蜜并不是单一的个案。即使有着年龄、环境的差异，许多人仍如卡蜜一般，有着孤独、圈外人的感受。这些人与现存的生活环境格格不入，便会产生自我贬抑的感觉；再加上他们的大脑如同跑马灯般不停地思考转动，更让他们无法喘息。因此，这些对自己有疑惑的人来到我的咨询中心，向我求救。

十七年来，我倾听、我观察、我试着了解每个人的问题。如同我的其他作品，这本书集结多年来的专业咨询案例，经年累月的倾听与分享，通过埃里克·伯恩（Eric Berne）所创立的“聆听火星人”心理诊疗法，试着帮助我的咨询对象。在书中，我将自己与咨询对象的对话做了分析，将其作为我的研究成果。这些“圈外人”的耳朵如同一台特别的录音机，具有与众不同的聆听方式。不同于“一般人”，在对话中，他们会记录下某些特定单词或单句，但是对于对话中的重点或关键字，他们会自动隔离，充耳不闻。

在访谈的过程中，我整理这类咨询者常使用的句子如下：

我想太多了。

我的朋友们常说我是个复杂的人，还说我想太多问题了。

我的脑子不停地转，一刻也不能休息。有时候，我真的很想拔掉我头上的插头，不要再有任何想法进入我的脑海中。

我常觉得自己是来自外星球的人，大家都无法了解我。

在这个社会上，我找不到立足之地。

我觉得自己像谜一样，无法了解自己。

我的咨询对象会重复说以上的语句。因此，我渐渐拼凑出这类咨询者的情形——“他们想太多了”。多年以来，这样的咨询者身上背负着“想太多”的痛苦。随着咨询案例的增加，我慢慢地找出协助他们的方式。在撰写此书时，我整合个案的对话内容，以便能够举例说明。在从事咨询的疗程中，我提出很多问题，希望了解这些人的心理、心智及思考的方式。同时，也想知道他们的价值观与行为动机。值得鼓励的是，“想太多”这种类型的人都有一个“乐于分享”的价值观。正因为如此，他们乐此不疲地说出他们的想法。本书的完成，真的要归功于他们无私的分享，我由衷地感谢他们对此书案例的贡献。

有谁会认为具有聪明才智的人，其自身的优点反而让他们受尽折磨呢？而这的确是“想太多”这种类型的人常有的抱怨。首先要说，他们不认为自己是个“聪明”的人。其次，由于这群人的心理与心智状态纷杂，即使夜深人静时，他们的大脑也没有休息片刻的机会。这种类型的人，厌倦自己不停地产生疑惑。另外，他们还拥有敏感易触的神经，不放过周围人、事、物的每个细节，一律接收到大脑中。“想太多”的人实在很想拔掉自己头上的插头，暂停思考。也由于与生俱来的敏感神经，他们容易受到“一般人”的误解和伤害。最后，他们自己得出一个结论：“我是来自于外太空的人类！”

永无止境的思绪，伴随这种类型的人的日常生活；纷杂的想法，扰乱了他们的心智状态。一个接着一个突如其来的想法，让他们的大脑无法喘息。这些人的大脑动得快，想法又多。有时他们会因为脑筋转动的速度快于说话的速度而发生口吃的情况。或者有的人会因为大量的信息进入脑海中，无法立即处理而表现得手足无措，只好选择沉默应对。对于这群人来说，话语的陈述只是表达简约扼要的概念，无法确切地说明他们复杂、细腻的思想。因此他们常遇到这种疑惑——如何将自己细腻的想法，转换成精确的文字表述？这群人会持续不断地追问自己许多问题，因长期处在焦虑的状态下，对自己产生怀疑，造成自我信仰体系如流沙般不稳定。他们常说："为什么别人没有觉察到某些事物的存在？对我来说，这些事物的存在都是显而易见的。难道我的理解力异于常人吗？还是我的认知有错？"

这群人纤细灵敏的感官和高低起伏的情绪，与他们的智力成正比。"想太多"的他们容易情绪波动，常被形容成不定时炸弹，这真的不为过。一丁点儿小事不顺心，也会让他们勃然大怒或陷入挫折的低潮里，而且他们还经常将自己淹没在悲伤的情绪中。随后，他们会大声地说："这个世界缺乏爱！"

这些"大脑多向思考者"（surefficience mentale）的人格特质是游走在理想主义与极端绝望之间。有的人可能有自闭症的倾向，或选择离群索居过日子；有的人会变成极端反抗者。这也说明他们会不断地在完美梦想与残酷现实中徘徊，在天真烂漫与颓然绝望间彷徨。一般来说，当发生问题后，"大脑多向思考者"会奋力寻求协助。他们总觉得身边一定会出现善良的人或事物，帮助他们解决问题。此外，"大脑多向思考者"一生都处于困惑当中，亲友、伴侣的鼓励，对他们极为重要！话说回来，你要他们接受这不完美的世界？"大脑多向思考者"

会说："我没办法做到！"那你要他们如何面对这"永恒的困惑"呢？

若要他们接受心理咨询，这也是一大障碍。他们会害怕被看作"精神病患者"而裹足不前，无法求助心理咨询师。另外，"大脑多向思考者"认为，那些所谓"正常思考"的人，如何能了解拥有"蜘蛛网般错综复杂的思考方式"的人呢？有些心理咨询的分析，常会由于"大脑多向思考者"繁复发散的思考模式，将这种微妙而强大的思考模式区分出来，并将这群人归类为"不正常""病态"。在求学的过程中，"大脑多向思考者"通常会被视为"问题学生"。因为他们的大脑非常活跃（多面向思考），常造成上课时无法专心或出现过动的情况。然而，事实上他们习惯"一心多用"的思考方式，觉得课堂上的单向教学过于呆板无聊。我们或许认为他们超速思考的方式会如蜻蜓点水般，过目即忘。其实不然，他们拥有同时深入学习多项任务的能力。正因如此，"大脑多向思考者"在求学的过程中，常被认为有所谓的"障碍"，举例而言，如阅读障碍、拼写障碍、算数障碍或图像识别障碍等。①

当"大脑多向思考者"成年后，有的人会寻求协助，但可能被诊断为边缘型人格障碍、精神分裂症、狂躁症、抑郁症，或是狂躁加抑郁症。他们满心期待在咨询的过程中，能获得帮助、找到出口。然而，

① 若想进一步了解相关资讯，请参阅玛丽－弗朗索瓦丝·内沃（Marie-Françoise Neveu）的著作《我孩子是自闭症？过动儿？阅读障碍患者？还是有其他的问题呢？》（*Enfants autistes, hyperactifs, dyslexiques, dys... Et s'il s'agissait d'autre chose?*），Exergue 出版社，2010。——作者注

他们得到的答案，竟会让他们更加无法了解自己或被贴上“××障碍者”的标签。他们期待社会上“一般人”可以接受他们原本的情形。他们实在想知道自己发生了什么事情。但是人们给他们的答案竟是“你是××障碍者”或者“你就是跟我们不一样”，他们完全无法获得协助。

大众对于“大脑多向思考者”的了解极少，甚至还没有一个完整的学术名称来定义这群人。我们可以称他们是“天才”或“高智商潜能者”。然而这些名称都已被社会大众滥用，隐含自命不凡的意义。因此，以上两个名词正好又与“大脑多向思考者”的人格特质相悖。这种类型的人比较适合使用“大脑多向思考者”这个名称来说明。它代表的是这群人通过他们敏感的五官，观察周围的环境，撷取大量又细琐的信息进入脑海中，使得大脑不停地运转。其大脑运作具有超高的效率且富含多面向的思考，容易造成当事人的心理情绪起伏动荡。我们也可以称呼这群人为“右脑主导行为者”，因为他们不认为自己是“天才”或“高智商潜能者”，但愿意承认自己是个“有独特智慧”的人。我常听到我的咨询者说：“没错，你说得对。我觉得我跟大家想的都不一样。”我要说明的是，要找到一个精确的名称来定义这群人，事实上是有困难的。因为他们每个人身上的“问题”情形都不尽相同。

也因此，不可能用单一的词语来完全涵盖这种类型的人。那么，我们又要如何称呼他们呢？《资优儿童》一书的作者让娜·西奥－法金（Jeanne Siau-Facchin），她建议不要再叫这些资优儿童为“天才”，应称呼他们为“斑马”。我认为“斑马”这个名称还不错。因为斑马是“非典型”的动物，是个性顽强、富有独特性的动物。斑马生活在大草原上，本身的毛色会融入自然景观中，让人无法察觉。可是若将斑马以上的特点与其他动物相比，就会觉得斑马不是那么具有特色。因为它不如狗的忠诚、贴心及甘于奉献；斑马也不像猫，缺少猫的小心谨慎与敏锐的感官；若与骆驼相比，它缺乏长久的耐力；若与仓鼠相比，它还不如仓鼠在转轮上跑得快！②

保护高度脑力开发造成困扰者协会（Groupement Associatif de Protection des Personnes Encombrées de Surefficience Mentale, 简称GAPPESM）称呼这群人是“脑力过度开发的困扰者”（PESM）。该名称合宜地描述出这群人的心理状况，道出他们的困扰。然而，我认为并非所有这种类型的人都会因过度使用脑力，而造成生活上的不便。尽管“脑力过度开发的困扰者”一词，很贴近这群人的情形，但不具有正面的意义。同时，我也不认为大脑多面向思考者，都会造成自己或别人的困扰。所以，我还是不采用该专有名词。

另外，我也同意称呼这群人为“天才”，因为这个单词比较客观而且也贴近事实。可是如果我对这群人说：“你们是天赋异禀的人。”我

② “天才”一词，只就儿童的逻辑智力作判断，但是“人”的本身有许多特质，例如良好的人际沟通关系、艺术天分等。每个人的优势皆不同。——译者注

想正在阅读本书的大部分读者会立即产生“排斥感”，放下这本书。③

同时，有异议的人也会对我说：“如果这些人都是这样的天才，他们理应能够适应社会。”其实，“天才”这个名词，在如今的社会已被过度滥用。因为天资过人、骄傲自满、班上永远第一名……这些我们口中的“天才”与这些人的本质，简直是大相径庭！

刚开始，当我兴奋地发现这群“大脑多向思考者”的存在时，我直觉地称呼他们是“天才”。但我忽略了一个事实——这群人拥有敏锐的观察力。由于我之前可能过于直白，吓跑了我过去的一些咨询者。今天，借着本书的出版，我需要跟他们致歉，请原谅我的轻率大意，忘了他们的特质。本书将会提出对“大脑多向思考者”的多种建议及协助方式，并解释不同形态的神经系统及这群右脑主宰者的相关特质。以下的内容，我将以另一种观察角度来描述“大脑多向思考者”，相信足以触动人心。虽然主观地知道他们与我们（“一般人”）不同，但就这群人来说，希望他们尽可能客观地面对这个事实。

我花了很长的时间，想要找出一个最合适的名词来称呼这群人。同时我也不忘与同行业的人讨论最适宜的词汇。例如，我们也可以用ADSL网络或高速宽带的概念来描述这群人的大脑思考模式。或者，也

③ 根据本书，70%~85% 的人都是由左脑主宰思考及其行为，而有 15%~30% 的人，他们的行为则是受到右脑主宰，即为作者所称的“大脑多向思考者”。当社会上大部分的人都为左脑思考者，又如何能相信右脑主宰的人是“天赋异禀”？——译者注

可以用蜘蛛网状似的思考路径（spidermind）方式来描述他们大脑运转的情况。最后，我总觉得“大脑多向思考者”仍是最适合不过。在我看来，其他的专有词汇，并不能完全说明这群人的特征。总之，我想要表达的是：撰写本书的目的，不是给任何人贴上标签，而是帮助你更了解自己，接受你原本的情形，尤其是让你在你那充满活力的思想下，过上宁静的生活。

就是因为你想得太多，你可能很快意识到自己有“大脑多向思考者”的多项特质。你的大脑，不时充满太多的想法。“你真的想得很多”，这对你而言，的确是弥足珍贵的优点。因为，你大脑的细致性、复杂性及运作的速度都令人惊奇。你大脑内强大的能量，如一级方程式赛车的引擎！记得是一级方程式赛车，不是一辆普通汽车！试着想想看，这辆精致的赛车若没有小心驾驶或是你没有好好阅读使用说明书，会造成什么后果？你在路上行驶起来是多么危险。到目前为止，都是你的大脑主导行为模式，让你从一个低潮陷入另一个低潮。从今天开始，你将拿回主控权。你的大脑拥有最好的潜能。你只需好好掌握方向盘，适时测试你的电路，管理你的大脑。

本书分成三大部分来说明“大脑多向思考者”的思考特征及协助建议：

- 你总是想太多的原因；
- 想太多的人相较于“一般人”的不同之处；

· 总是想太多的人的“生存之道”。

“大脑多向思考者”喜欢通过对话讨论的方式来汲取知识。这个学习方法会让他们能够快速吸收本书的内容。进一步而言，当“大脑多向思考者”学习某项主题时，通常不会从头到尾读完本书，他们会选择重点，以浏览的方式阅读。因此，我想提醒大家：

如果你直接跳读至本书的最后一部分，将会错过书中最重要的章节。如此一来，你便无法客观地了解到我提出的建议和方案。诚心建议你按部就班，耐心阅读。本书共分三大部分，这是我刻意设计的阅读顺序。首先，了解你的灵敏的五官与神经；其次，平心静气地观察你沸腾燃烧的思想；最后，你会发现自己拥有与众不同的智慧。

“理想主义”是“大脑多向思考者”的主要特质。但生活在群体的环境中，与人交往可能会显现你的另一面——“虚假的自我”。面对同辈伙伴时，你会发现自己的差异而产生疑问。本书将会协助你了解自己本质的一体两面。在人际关系中，当面对自己或人群时，你要如何因应面对？请记得：一旦你开始全面探索自己，本书提出的解决方案都将是有意义的。

当你阅读到此段文字时，我相信已达到撰写本书的目的了。因为你已经开始学习与自己和解：尝试了解你充满神秘智慧的大脑。本书的目的是帮助你学会驾驭自己。经由了解大脑的机制（神经系统），懂得阅读你的情绪及人际关系的信号（如同了解行车的交通规则），并且学习驾驶课程（了解心智运作）。通过以上的方式，让你学习掌控自己、表现自我。

如果你想太多，将会在本书中找到所有必要的信息。当然也包括完整的建议！

本书中，我将引注参考过的所有书目及启发我灵感的作品。因为数量过多，无法一一列举于每页的脚注。结束本前言之前，我要特别感谢吉尔·波特·泰勒、丹尼尔·塔米特、托尼·阿特伍德及贝雅特丽丝·米莱特这四位人士，予以本书的宝贵建议。同时，我也非常感谢阿里尔·阿达与让娜·西奥－法金的大作，引领、启发我对此领域的见解。

谢谢以上协助我完成本书的人。

Lesson 1

大家都说你“想太多了！”这是你的问题吗

Je pense trop

第1章 你比其他人还要敏感

天生就比其他人敏感

20世纪80年代，“椰子女孩”[①]唱红的一首单曲中的歌词提及：“这个家伙实在太、太……太、太、太……！”这句话直接道尽“大脑多向思考者”所有的问题。不管是什么，都太多了——太多的想法、太多的疑问、太多的情绪……我们可用英语文法上的“最高级”，来形容这群人，甚至可以说他们是“超高级”——超高的反应性、超高的敏感度、超级多愁善感……对于生活周围的人、事、物，“大脑多向思考者”拥有异于常人的敏感度。即使是一件小事，都会影响他们的心情；尤其当这件事牵涉到他们的信仰价值时，反应会更加剧烈。他们的观察力、敏

① 椰子女孩团体（Coco Girls）所主打的一首歌：《这家伙太、太……太、太、太……》（*Ce mec est too much*）。——译者注

感度、情感充沛度等都超乎我们的想象，是“正常人”的10倍以上。“大脑多向思考者”的观察力与感官系统都极其敏锐、易感。通过他们对这个世界细微的观察，我们逐渐了解到这群人发达的神经系统。

通过五官，我们从生活周围发生的人、事、物中撷取信息。然而，有的人可能生来有点耳背，有的人可能有斗鸡眼等。由于每个人的生理机能不同，我们可以想象大家看待这个世界的角度与想法，也不尽相同。因此，每一个个体对于这个世界的体验都是主观而且独一无二的。试着想象你邀请10个朋友来参观你的家。随后，请他们描述你家的样子和细节的部分。突然间，你会惊奇地发现这10位朋友对你家的描述，听起来好像是他们参观了10间不同的房子。

每个人善用的感官体验，会使诠释世界的角度不同：有的人是视觉导向，欣赏你的公寓时，他可能会提及你房子的装潢美学、色彩、亮度、全景等；有的人是听觉导向，他会发现这栋公寓的周围环境过于嘈杂或宁静；有的人是触觉导向，他可以感受到你欢迎的热情、整个空间的压迫感或舒适度；有的人会用他的嗅觉来鉴赏你的家，闻到这栋房子里有点烟味或有股舒适的气息正在迎接他。你发现每个人会撷取自己感到有兴趣、认为是重点的部分，来表达对这栋房子的感觉，同时也忽略了其他的感官所察觉到的部分。

因此，每个人都会以他五个感官中的某个擅长的器官，接收大量的信息，来说明对该事物的感受。举例来说，有三个人来到某个地方。甲某可能觉得这里“有点吵”，乙某则觉得这里“非常吵”，可是丙某却一点儿也感觉不到噪声的存在。他们各自选择自己擅长的感官接收器，撷取信息，诠释对该地的感受。然而，如“大脑多向思考者”这种类型的人，会比“一般人”接收到更多更强的信息。他们用“异常灵敏的接收感官”，接获信息，解读世界。如果你邀请一位“大脑多向思考”的朋友参观你的公寓，你会对他的观察心得感到讶异。这样的人会比“一般人”观察到更多的细节，甚至枝微末节之处，或者一些我们想都没想到的地方。

总是紧张兮兮的感知神经

我想先刊出一封方索瓦寄给我的电子邮件。信的内容是描述我与方索瓦第一次会谈的情形，还有他内心澎湃的想法。信件内容如下：

> 我想跟你谈谈我每天日常生活的情形。就举我们第一次碰面的例子来做说明好了。（希望你别介意以下的内容）
>
> 当我第一次来到你的办公室，正要停车的时候，一瞬间，我会猜你的车是停在车库里还是外面。当我要经过大门时，我会猜你的车是哪一辆。还有你喜欢车子吗？我猜想你应该是喜

欢汽车的人，至少我认为如此。问题是当我正在猜哪一辆车属于你的时候，看来看去，就是看不到一辆我觉得还不错的车。所以，我就告诉自己：我可能猜错了。[②]随后，我抵达你办公楼的门前，正要按密码进入的时候，我看到你挂在信箱上，或者说是放置在门铃前的职业名牌上的字体与其他科的整骨矫正师不一样。[③]所以，我就想你来到这间办公室执业的时间应该不久吧！你在这儿开业的时间一定是与其他人的时间点不同。然后，我就问自己：为何如此？你以前是在哪里执业？之前执业的地方是不是离你住家太远了？那么，对你的病患来说，更换看诊地址会不会造成影响？之后，我按了你办公楼的门铃。这里要跟你提一下，你们的第二个门铃坏了，请记得修理。还有我又想，你们为何不修电铃呢？有什么原因吗？随后，我进到你们共享的办公室，来到了候诊室。里面没人，就只有我而已。我又想，那些整骨矫正师是不是都没病人啊？等了一会儿之后，你就叫我的名字了。我认为

② 方索瓦以为作者有车停在办公楼门前，但他没有看到一辆“好”的车。所以，方索瓦认为作者没有开车。——译者注

③ 法国诊所的所在地，通常会有不同科别的医师群聚于一栋办公大厦或楼房内，以便当地患者求诊。因此，于医疗办公楼前，会标注各个科别医师的姓名。——译者注

你是一个安排时间很有效率的人。[4]还有一件事要跟你提，就是你候诊室的杂志好像都过期了。因为大部分杂志的期刊号都很……从我的角度来说，有些杂志的属性都很……我就猜这些杂志是不是你订的呢？那你是不是应该订《× × 期刊》？唉，杂志的内容实在让我读不下去！我便望向窗外，可是也没有什么看头。突然，我感觉到喘不过气来，有股强烈的压迫感。这烦闷的感觉，使窗外的风景也索然无味。我就只好等待你喊我的名字。同时，我也在猜你的情形。听到你高跟鞋踩在木地板上，嘎嘎作响（我从以前到现在都不喜欢这种材质的地板，让我感觉很冷漠、没有一丝温暖），我心想你应该是高个头的人吧！同时，我也怀疑自己说："既然你都那么高了，为什么还穿高跟鞋？"

随后，我见到你了。哈哈！我猜对了。你就如我想象中的一样。碰面时，我们相互行握手礼。其实，我猜如果我们行贴面礼，[5]我可能会得到更多关于你的信息，可是我没有这样做。

④ 方索瓦认为不用在候诊室等待过久，表示心理咨询师很有效率地安排她咨询对象的看诊时间。——译者注

⑤ 在法国，于正式的场合，互相行握手礼。贴面礼是亲人、朋友、熟人之间及多次见面后的工作伙伴、同事或邻居间打招呼的方式。——译者注

我真的很高兴跟你握手，感受到你的温暖。你握手的强度是既坚定又稍微用力。你身上的香水味不会太浓或者我猜你没擦香水，只有一股淡淡的香味。这正是我喜欢的味道。我不喜欢身上飘着浓烈香水味的人。当我来到你办公室时，我又问自己，哪些整骨矫正师属于哪间办公室呢？好，现在来谈谈你的办公室吧！就拿第一个诊间来说，我认为空间规划得非常好，甚至有些太过整齐了。举例来说，你需要在你办公室内的陈设中摆上一些盆栽，不然会让整个空间看起来有压迫感。另外，你桌上没有摆放太多的杂物，就是一堆笔。而且这些笔，看起来还都不是同款同色。为什么呢？再说你第二个诊间，我觉得它比第一个诊间的摆设好多了，尤其是那张红色的沙发长椅，我非常喜欢。比起其他的家具，这沙发椅看起来年代久远。我猜想你是不是还有另外一个接待患者的办公室呢？我想你应该还有另一个办公室吧！随后，我们坐了下来，我开始观察你，分析你身上的连身裙（其实，我们在走廊相遇时，我就开始观察你了）。你连身裙上的花色大胆鲜艳，而且材质很贴身。我可以感受到你对自己的身体很有自信，你很喜欢自己。我猜你也喜欢这样的感觉吧！然后，我又研究你的发型，跟我之前在书上看到的你的照片相比，我喜欢你现在的样子。你的肤色有些黝黑，我猜你可能喜欢到海边晒太阳。我发现你身上的小首饰，样式简单，非常适合你。你应该是个喜欢手镯的人吧！我认为你不用选择太花哨的款式，颜色可以是金色或亮眼些。我又看向你的双手。我很喜欢你的那双手。我想说的是，一直以来我都是这样观察、分析每个人的。这样的过程对我来说，至为重要，可以让我在当下场合稍微放松。同时，我可以保持警戒的状态，以免你左右我的思考。

以上的内容确实是我脑海中的想法，我将它们毫无保留地告诉你。实际上，这就是我的日常生活模式。如果你还想知道更多，就在我们会面之前，我在你办公室转角处的书报摊边，足足待了三分钟。仅仅这三分钟内，我的脑海中浮现将近二十个问题……

由以上“大脑多向思考者”的自述中，你可以了解到这群人，每天二十四小时永不停歇，处理大脑中的信息。经由灵敏的感官接收众多的信息，他们的大脑将储存巨量琐细的资料。通过收集到的资料，“大脑多向思考者”试图预测或猜测一些未知的信息。在这轰炸过程中，他们是处于紧张、不信任、情绪波动的状态，例如，首次会面。

他们会开始问自己数百个问题，试图获得更多信息或答案。

如果你想得很多，“感觉异常灵敏”（l'hyperesthésie）就是你的特质。“感觉异常灵敏”是一个科学术语，它是指五官接收器的功能高度敏锐。换句话说，你的五官一直是处于兴奋、警觉的状态，甚至始终保持战斗状态。对大多数“一般”人来说，我们很难察觉出事物的细微差异，而你却有能力区别其中的不同。你就如方索瓦一样，拥有观察微小细节的能力。但这群“感觉异常灵敏”的人，由于经常受到环境内的噪声、光线或气味的干扰，造成了他们没有发现自己拥有超乎常人的五官感知力。当我与他们谈到以上的想法时，刚开始他们的确会很惊讶而且不认为自己具有这样的能力。随着我们讨论的深入，他们渐渐地意识到自己拥有“异常灵敏的感觉”。有的咨询者会举例说：当听到某段乐曲的首音符时，他们可以说出这是什么乐曲或者猜测整首乐曲的音符编排……

即使这群“感觉异常灵敏”的人，一天能多次洞察“微小细节”的事件，他们也绝对不会想到自己是与其他人不一样的。或者是那些知道自己有“异常灵敏的感觉”的人，也会告诉自己：不要活得那么辛苦。尤其当环境中有噪声、光线、气味干扰时，“感觉异常灵敏”的人还会责怪自己无法忍受这些感官的刺激。耐莉是我的一位咨询者，她说：“我实在不能忍受商店里的音乐开得太大，声音大到我都想逃离这家店。”对于皮尔来说，他有视觉的高敏感度，因此会经常感到不适。他说：“办公室里的日光灯好强烈，光线强到都能刺伤我的眼睛。可是整个办公室里，只有我在抱怨，大家都以为我很爱发牢骚。”记住，还有其他“感觉异常灵敏”的人，例如嗅觉、触觉等高度敏感者，他们也会遭受到环境的刺激干扰。

视觉高度敏感

回到另一个咨询者方索瓦的身上，他是一个拥有高度敏感视觉的人。举例来说，在一个空间里，他首先会看到的是细节部分，随后他才会注意到整体的环境。他也很想知道其他的咨询者所看到的事物是否与他相同。方索瓦的确有能力可以撷取大量琐碎信息，例如：笔、老旧的沙发椅、窗外的景色、候诊室中的杂志等。他的视力如同一台精密的扫描仪：穿透力超强而且还是持续性地扫描。如同他写给我的电子邮件中提及的，他刚开始便从头到脚分析研究我这个人，例如我的发型、服装、首饰，还有我的双手……在日常生活中，若我们作为一个被审视的物体，这样详细察看的方式的确会让人感觉非常不舒服。但需要说明的是，当“视觉高度敏感”的人观察该“人、事、物”时，并非正在进行批评或论断。像方索瓦一样“高度敏感”的人，是经由观察外在的过程，对自身产生安抚镇定的效果。在此过程中，他们大脑的存储器同时也会大量储存以上所观察到的细微事物。

有些人对于光线“亮度”敏感，也是属于视觉高度敏感者。

听觉高度敏感

另一个异常灵敏的感官，则是耳朵。这样的人可以同时听到并且分辨出多种声音的来源。举例来说，“听觉高度敏感”的人，他们可以一边听收音机，一边跟很多人对话。然而，事实上他们的耳朵正专注地倾听从隔壁厨房传来的洗碗盘声，而且这声音盖过一切。同样的情形，例如在有人正在使用割草机产生大量噪声的状况下，“听觉高度敏感”的人仍然可以享受从远处飘来的音乐声，甚至这乐曲中含有多种乐器演奏的情况下，他们还是能很清楚地辨识出哪个音节是萨克斯风演奏的。但要知道的是这种被多重声音覆盖的情形，只有他们可以清楚地听到某个微小的声音。通常，“听觉高度敏感”的人，当声音是从很遥远的地方传来，同时还夹杂些其他的噪声时，如果这声音是低音，他们会比较容易辨识；高音则不然。甚至他们还会觉得这远方的声音竟然比他们身旁的声音还要清晰。由于他们会被远方的声音所吸引，而会经常忽略正在跟你谈话这件事。电视台于整点新闻或发布新闻标题时，会使用一种特别的背景音乐来介绍新闻。当“听觉高度敏感”的人听到这刺耳的声音，他们痛苦至极，因为在一堆噪声的背景音乐中，“听觉高度敏感”的人要花很多气力来分辨出记者的话语。方索瓦向我说过对一些声音的感受：他能觉察到我发出的声音、听到我的脚步声、地板冰冷的回音，并注意到门铃坏了等。

触觉高度敏感

“大脑多向思考者”对于一个地方的气氛、空气的干湿度、热气等，有近乎直觉的敏锐度。当他们碰触他人时，会直接感受到对方的肤质情况，也很介意衣服材质接触身体的感觉。通过触觉，“大脑多向思考者”会不断地接收四面八方传来的信息。记得方索瓦说过，第一次会面时，他希望我们可以亲脸颊打招呼，如同老友一般。可是，他没这样做。很多感觉高度敏感的咨询者，在我们几次会面后，都会尝试问我说：“我们打招呼，可行贴面礼⑥吗？”另外，当面谈有些情况发生时，例如他们感到悲伤或需要鼓励时，他们也希望我能给他们一个拥抱或者我们相互拥抱一下。请不要认为其中有什么暧昧的意味。其实他们只是需要一个温暖的拥抱，一个真正美国式的拥抱（hug）而已。身体的接触会帮助他们平衡过多溢出的情感，如情绪激动时，帮助镇定下来。方索瓦曾说：“我可能会得到更多关于你的信息。”对于传统型的心理咨询方式，建议不要接触咨询者。然而对于“感觉异常灵敏”的人来说，这可行不通。因为他们需要触碰对方或物体来

⑥ 如同本章注释5，法国的贴面礼是见面时打招呼及说再见的方式。通常于第二次见面后，双方可行贴面礼，但由于作者是女性再加上她咨询师的身份，因此，她的咨询者会先询问以征求她的同意。——译者注

接收信息。

嗅觉高度敏感

大多数人的嗅觉都不是很发达。然而相对于其他动物而言，他们的嗅觉器官可是非常发达。我常跟这些“感觉异常灵敏”的人开玩笑说：“要知道你们的鼻子是个松露鼻（truffe）⑦，不是我们“一般人”普通的鼻子！”如同方索瓦所说，当他进入我的办公室，他闻到淡淡的香水味。这些“嗅觉异常灵敏”的人甚至还可以闻到刚离开我办公室的人身上的烟味或汗水味呢！

我的另一位咨询者佛罗伦萨，当她来到我那通风多天的办公室时，仍然觉得这房间的空气不好！“嗅觉灵敏者”最快乐的时候，就是当他们鉴赏美酒或品闻香花时，他们的确是可以感受到这独特美妙的香味。但如果他们突然闻到刺鼻的恶臭或掺有人工香料的食品，例如掺有化学香料的甜面包，这对他们来说，可真的是噩梦。方索瓦的邮件中提及他不喜欢太浓烈的香水味。

⑦ truffe 有两种意思，法语译为：松露，嗅觉灵敏的动物的鼻子。原因一是当法国人在森林中寻找松露时，通常借由狗的嗅觉才能闻到松露的所在地；原因二是这些嗅觉灵敏的动物的鼻子，长得都很像松露。——译者注

味觉高度敏感

嗅觉与味觉两个感官经常是相辅相成。一般来说，“感觉异常灵敏”的人，往往都是美食家。如果他们还能信任自己的直觉，有的人还能吃出食物中回甘的味道，如肉桂味或辛香味等，甚至还可以猜出某些香料的来源地，例如咖啡或巧克力的产地等。由于“大脑多向思考者”的味觉感官极其灵敏，只要有一丝丝可疑的腐败味道，他们都可以闻出来。因此，通常食物中毒这件事对“感觉异常灵敏”的人来说，几乎是不会发生的。

多数人的五官所能接收到的信息，比“大脑多向思考者”少很多。有时候“大脑多向思考者”会发觉“一般人”所接收到的外界信息真的少之又少。他们常觉得身旁这些“一般”的友人实在太麻木不仁或是过于粗枝大叶。然而若要他们产生对朋友的负面想法，也实在很困扰他们。因为“大脑多向思考者”的特质，就是不去批评他人，尽量忽视两者接收信息的落差。经过科学研究证实，“大脑多向思考者”与“一般人”在神经系统上的构造，是有其差异性的。我希望大家能够了解并接受这一客观事实的存在。

因此，我们逐渐了解到“大脑多向思考者”的特征。现在何不转身看看你周围的亲朋好友，想想看这些人是否与“大脑多向思考者”一样，大量地接收周围环境的信息，拥有高度敏锐的五官感知能力。

你会惊讶于每个人的注意力、敏锐度都有其不同程度的差别性。当方索瓦听完我以上的陈述后，突然意识到什么，对我说：“难怪我常觉得我的朋友们都太不拘小节了！”

你的哲学大脑

“感觉异常灵敏”的人所能看到的细节，的确大量地储存在脑海中。就这些细节信息的质量来说，他们的确是有能力分辨出非常细微的差异。例如颜色的深浅度，通常“一般人”会认为几乎是相同的颜色，但他们能分辨其差异性；又例如音符间的细微音差等。此外，“大脑多向思考者”的注意力与记忆力也是令人赞叹。最后提一下，“大脑多向思考者”的五官感知力能够精准地反映出过去的学习经验（éidéiste），这一点较鲜为人知。

你有没有看过一个天真的孩子认真专注地观察一只小瓢虫呢？小孩的双眼看起来就像一台显微镜，看透了这只微小的昆虫，观察属于它的一切细节。他惊叹着瓢虫外壳的光泽、细致的线条、两侧的眼睛、抖颤的触角……瓢虫的甲壳下，还有一双透明的翅膀。对他而言，小瓢虫简直就是一件艺术品！

什么是快乐的感觉呢？当我的味蕾品尝到口感如天鹅绒般顺滑的果酱时；当我发现树叶上闪烁的水珠时；当我触摸丝绒般的玫瑰花瓣

时；当我赞叹象牙般的珍珠光泽时。穿上舒服柔软的羊绒衫时，我很快乐。听着抑扬顿挫的琴声时，我为之叹息。“感觉异常灵敏”的人，他们有强大的敏锐度欣赏外在环境的一切特质，进而将这些细微的关注转换成诗篇、文章、艺术或令人赞叹的表演。现在，何不转身看看你的亲朋好友，不要将小孩子算入其中，想想看有哪些人拥有明察秋毫的能力，欣喜地接受大自然给他的惊奇！

“触发联想”的能力

大多数“大脑多向思考者”通常会有“五官异常灵敏”与“触发联想”的能力。这是由于大脑中的感官神经交叉刺激而形成的结果。例如，拥有联想能力者，他们可能会看到文字的字体本身带有颜色或是能看到立体浮现的阿拉伯数字。另一位咨询者凯瑟琳说：“我会感觉到我的皮肤在说话。当我在阅读文字时，看到某些字体，尚未了解字里行间的涵义前我就全身起鸡皮疙瘩。”记得方索瓦曾说过，我办公室的地板让他感觉很冷漠（这是他脑海中的听觉神经与触觉神经交叉感知所产生的结果），他将我的照片和声音联系时猜想我可能很高。“触发联想”的能力可以帮助记忆。所以我们可以理解为什么“大脑多向思考者”可以记住大量琐碎的信息。然而这些信息，对于大多数的“一般人”来说，实在是太细微了。

“触发联想”的能力对于“大脑多向思考者”而言，其实是一种无意识的反射行为。当我与一位“大脑多向思考者”对话时，我问他是不是有“触发联想”的能力，他回答说：“没有，我没有这种能力。”可是，我并不这么认为。通过多年的临床实践，我可以很肯定地说：“感觉异常灵敏”的能力与“触发联想”的能力是相互伴随的。也因为如此，有时在咨询的过程中，我冷不防地问对方：“星期二是什么颜色？”这位咨询者条件反射地回答：“黄色！”（也可能是绿色，颜色不是重点）对于这样的回答，他自己也感到惊讶，开始会急着辩解说：“啊！我也不知道为什么我会这样说……”

为了确认我的咨询者是不是一位“大脑多向思考者”，我还会突然地问：“你认为桌子这词，应该是什么颜色？”他立即回说：“绿色！”回答后，他怅然地望着我。没错的，“大脑多向思考者”会看到带有色彩的文字或数字。就“一般人”的逻辑而言，实在说不通。但又如何？试着想想，回到我们小时候学习认字的过程：学英语字母 B 时，我们会说两个大肚子的 B；学数字 2 时，我们会说 2 是金色天鹅 2；数字 1 是黑色鱼叉 1。然后我们说流泉瀑布的水声，像极了肚子呱呱叫的声音；鸡肉的味道，闻起来是金黄色的感觉。我们不明白为什么大家这样说，现在听起来是有点傻！但请你试着回想你的小时候，有时产生光怪陆离的想法，这都有可能来自“触发联想”的能力。

特别喜欢或厌恶某事物

在日常生活中，“感觉异常灵敏”的人是如何表现出他们特有的天赋的呢？举例而言，就听觉来说，有些人会对于某些声音特别敏感；就触觉来说，当接触到某种材质的物品时，他们可能会有特别正面的喜悦感或负面的排斥感；还有的人，可能会排斥某类型的食物，例如软烂的食物、柳橙等。

威廉是一位患亚斯伯格症的小孩。听到蝉鸣时，他会有一种莫名的兴奋。如果同时还有其他声音夹杂，他也可以完全忽略这些噪声的存在，只专注于蝉叫声。奇怪的是，对于疼痛或难闻的气味，他却毫无感觉，无动于衷。另外，他很排斥穿戴合成化学纤维的衣物；却很喜欢触摸皮毛或绒毛类的物体，这让他爱不释手。

非常特别的能力：感觉过于灵敏

就某个程度来说，“感觉异常灵敏”的人也算是个“幸运儿”，充满大量的好奇心。一旦他们与外在环境接触后，神经系统便处于兴奋紧张的状态。身上的五官接收器不断地工作，不停地接收信息，刺激大脑运作。

“感觉异常灵敏”的人，由于超敏锐的五官接收器，不停地接收信息，使得神经一直处于兴奋的状态，他们会感觉非常乏累。有时，房间的灯光，对他们来说太过强烈，他们会有晕眩感。若是室内的装潢过于鲜艳、多彩，也会让他们的眼睛承受不住。还有一些很大的噪声或是呼隆呼隆的声响，会让他们的耳朵不舒服。另外，空气过于闷热、潮湿、干燥或有静电，也会让他们不自在。如何能看出“感觉异常灵敏”的人身体不舒服的紧急情况？他们下意识地会去搔抓颈部，因此可从旧抓痕得知。若是有的人几天没洗澡或身上喷了太多香水，他们闻到后，立即会想呕吐。由于“大脑多向思考者”的神经系统缺少“关闭接收信息的机制”，当他们专注于某事时，他们会无法关闭其他的五官接收器，因此神经系统还是处于活跃的状态。

对于大多数的“一般人”来说，当我们的五官接收信息时，大脑会自动产生事件优先排列的机制，会将重点放置于至关重要的事件上，不必要的信息会自行搁置。这种优先级的排列机制，可帮助人们专心处理相关的重要事件。然而，就“大脑多向思考者”而言，如此的排序机制不会自动产生。只有通过他们自己努力去使用“人为的排序机制”确定优先级。然而“人为的排序”，只有靠当事人本身意识到该事件并经过省思，才最终做出决定。将他们自己的注意力放置于某事上，同时耗费精力地完成它，而其他的事情则置之脑后。

对“大脑多向思考者”来说，刻意使用“人为的排序机制”有一定的难度。首先当事人须意识到该事件的重要性。但在实际的生活中，要“大脑多向思考者”选择，通常很困难，因为他们很难区分出事件的重要性。原因是五官接收过多的信息，会造成他们无法做出抉择。“大脑多向思考者”会不断地接收五官传回的信息，分析内容，但这样来回的模式：接收信息——刺激——分析——反应，同时还会将有些无关紧要的信息加入其中，搞得他们非常乏累，不知所措。

无论白天或黑夜，“大脑多向思考者”的信息过载现象是永远不停歇的。因此我们会了解到这群人多么希望可以拔掉他们头上的插头，暂时喘息一下。对于“一般人”来说，面对如此大量信息轰炸的状况时，他们可能会回答说：“啊！不要太在意这些细节不就好了？”听起来好像是轻而易举之事。然而，这也就是“一般人”无法理解的“大脑多向思考者”日常生活的难处。举例而言，当“大脑多向思考者”在街道散步时，由于外在事物的干扰，会造成他们的注意力分散，例如汽车的噪声、经过身旁的路人，还有商店的橱窗摆设等。因此，他们自己必须花很大的力气，集中注意力。“专心一致”对他们来说简直是困难重重。

打从一进到这家餐厅开始，耐莉就觉得餐厅的背景音乐太大声了。她可以很清楚地听到餐厅里人来人往的声音，邻桌的对话，服务员送餐，整理碗盘的声音，客人推拉椅子的杂音，还有加上食物过重的气味、过于刺眼的灯光等，这一切周围的事物，都会分散她的注意力。如果你希望耐莉能够专注于谈话的内容、注意她身旁伴侣的举动或充满激情地加入对谈话主题的讨论等，要知道她真的需要花很大的气力才能完成。对她而言，度过一个美好的夜晚，的确是件浩大的工程。

通过五官感受，让我们的生命拥有多彩多姿的意义。对于“大脑多向思考者”而言，更是如此。他们的五官不断地接收四面八方传回来的信息，产生反应，正是此刻，诞生了生命的喜悦：美丽的背影、愉悦的音调、温暖的触碰、迷人的香气及盘中的美食等。“大脑多向思考者”总是随时随地接收这些美妙的信息，他们会感到莫名的欢欣，满足于享受当下。想想“大脑多向思考者”看落日夕阳的赞叹或听鸟儿虫鸣时的快乐。也只有在此时，美丽动人的时刻，他们最能理解自己与“一般人”的不同之处。如果“大脑多向思考者”尝试着与他们的朋友分享喜悦，他们的好友会说：“落日，对啊！看，还不错！就是夕阳嘛。走吧！我们再往前走，看看别的东西吧。”当他们的好友无法分享他们的感动时，“大脑多向思考者”是非常沮丧的；相反，当他们的同伴对可爱的小鸟说：“吱吱吱，小鸟儿！你几岁啦？”他们不会觉得同伴与鸟儿对话很无趣，因为他们享受了当下瞬间的喜悦。

有些“大脑多向思考者”，会经常有心情低落、抑郁的情况产生，这是由于“感觉异常灵敏”的五官大量地接受刺激而造成的。我会建议“大脑多向思考者”应随时保持生活上宁静、平淡的喜悦，并对生命保持强大的热爱。当有一丝阳光出现时，请欣然地迎接它的来临。

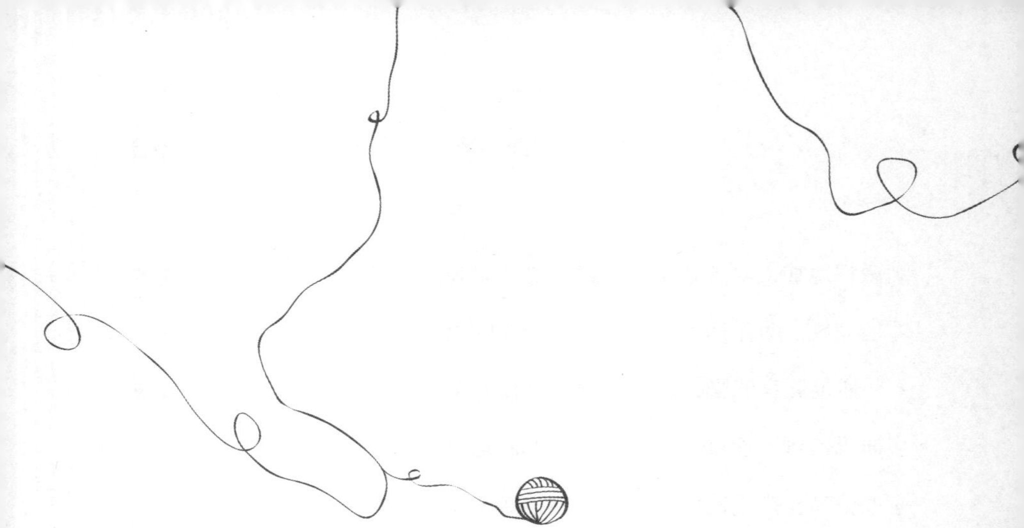

第 2 章 你的情感过于丰富

过于丰富的感受力

由于“大脑多向思考者”的五官非常灵敏，因此会大大地增加他们对于这个世界的认识。他们拥有异于常人的五官接收天线，所以对于光线、声音、气温的高低，尤其是外部过度的刺激，会产生强烈的反应。有时，他们会突然开口说：“关上电视吧！都没有人在看！”（因为电视的声音过大）或者说：“请问一下，可不可以把窗户关上（或打开）呢？”（他们感觉天气过冷或过热了）

相较于“一般人”，“大脑多向思考者”拥有纤细敏感的五官，他们会无意识地接收大量的信息。在温馨的气氛下，他们会很快地热泪盈眶；当他们感受到压力时，会有抽搐的表情；当他们认为受到不公平对待时，会有反抗冲突的情况发生。他们对于你说话的音调、用字遣词、脸部表情、肢体语言等，都会非常在意，而且会将这些对话储存在他们的大脑存储器里。

由于拥有高度敏感的五官，“大脑多向思考者”要求每件事物都有其“精准性”。他们相信每一个用字遣词都有其独特的意义，绝对没有任何同义字可替代。对于“大脑多向思考者”而言，只有相近的字词而没有相同的词汇。他们有可能会因为某个不精准的用字或意思过于概括，便与人发生争论。常常因为如此，对他们的批评、指责、讪笑便接踵而来，加上有些友人还会不说真话，这样的状况都会让他们很受伤。由于“大脑多向思考者”接收大量的信息，因此他们要求每件事情的描述需合于事实。可是其他人并没有接收到这些“额外的信息”，就认为这些人太挑剔了。“一般人”常会对“大脑多向思考者”说：“这真的不是你想的那样，你想多了！”此时，正是“大脑多向思考者”感到最沮丧的时刻，因为他们试着将自己获得的信息及想法与大家分享，但却得不到共鸣。

“大脑多向思考者”对于这个世界了解的程度，以及可能观察到的细微程度，会因每个人的感官敏锐度不同或擅长的接收器不同，而造成当事者接收信息的程度也有所不同。听听艾米莉·诺冬小姐在接受记者采访时说的：“当这个世界有战争、地震或饥荒时，我就会认为那都是我的错，我应该为这些人做点事。”听完艾米莉的说法后，相信你会如同这位记者的反应，既高兴又惊奇。因为“大脑多向思考者”所接收的每个信息都深深地触动他们的神经，影响他们的心情。就像艾米莉一样，其他的“大脑多向思考者”面对负面的事件时，常会产生罪恶感，有着无能为力的伤感。

以下我们将说明“大脑多向思考者”的大脑运行情形。他们的行为模式受到大脑的右半球所支配。而右脑的功能主要是管理感情与情绪。就理论而言，信息在抵达大脑之前先经过心脏，之后大脑产生反应。由于“大脑多向思考者”是受管理情绪的右脑主控其行为，希望他们时时能保持冷静与理性，是几乎不可能的。他们随时会被自己的情绪所淹没，有时像暴风雨般，来得快去得也快。情绪的转折如坐云霄飞车，一会儿经过焦虑的隧道，瞬间来到愤怒的出口，突然爬到暴怒的高峰。冷不防地，又跌入忧郁的深谷中。别忘了，他们也是有狂喜的时刻，这时会有像大海冲浪般的快感，他们会单纯地享受当下的时光。

“大脑多向思考者”的超敏锐，也会给他们带来许多问题。由于本身无法控制冲动的情绪，通常会造成身边的亲友无法理解他们的行为，进而会对他们产生负面的评价。今天我们的社会中，纤细敏锐、多愁善感的人，我们称为“情绪化”的人，将他们视为天真、脆弱或冲动型的人。甚至有的人会认为这些人的举止过于轻率妄为、幼稚愚蠢。若以传统的心理诊疗角度来看，这群人很快地会被贴上“边缘人”的标签。

如果你觉得自己是属于既敏锐又感性的人，那你一定有个主要的特质："你察觉到太多事情了！"有时身边的朋友们，会把你当个孩子一样，对你说教，吼你。告诉你没必要为一件小事，哭得稀里哗啦或者瞬间大发雷霆。或是对你说："不要把这些事情放在心上，不用太介意，要勇敢坚强些。"我们总结以上的说法，"一般人"对"大脑多向思考者"的批评或建议，都是说："无论什么情况下，你都必须保持镇定，坚强果断些，不要太情绪化，理智地面对事情。"

那请问如何帮助"大脑多向思考者"管理自己的情绪呢？多年前，大家相信有方法来矫正他们。试着想想看：如果我们相信理性思维、逻辑推理和果敢判断都是正确合理的，那么情绪与感情对我们来说，则会成为不受欢迎的负担。因为过多的情绪会让我们无法做出理性的判断。令人感到振奋的是，近年来，这样的思潮正在改变。在思想与决策过程中，我们渐渐地意识到"情感"扮演着重要的角色，帮助我们做出合情合理的选择。

如今我们会提到EQ（情绪商数，简称情商）来说明一个人情绪智力的能力。情商检测的目的是帮助个人了解其行为动机、情绪管理、与他人相处及同理心表现。"大脑多向思考者"会因情绪起伏而产生困扰，这只是因为他们尚未学会管理自己的情绪罢了。但是"大脑多向思考者"确实有很大的情绪潜能等待开发。

通常“大脑多向思考者”会直接表达他们的喜怒哀乐，显然这样的行为在他人的眼里，不会留下太好的印象。因此，他们常遭受到“一般人”的指责、批评，有时还会发生与人争执的尴尬事件。但我们试着去想象一件事：假如在这个世界上没有这些纤细敏感的人存在，我们将会失去创造力、缺少同理心以及欢笑声。如果人们的行为永远是理性、自我控制、毫无热情的，这个世界又将变成什么样？假如人类没有反抗的能力，尤其是人类缺少疯狂的激情和很强的感染力时，我们又该如何对抗不公、不义的社会？这个世界需要“大脑多向思考者”的存在，以平衡过于理智冷漠的社会。

“大脑多向思考者”的特质中，以“感觉异常灵敏”为主要的表征。当然他们也拥有其他的优缺点：例如“大脑多向思考者”是严以律己、宽以待人的行为者。与人交往时，他们是充满爱心、温暖无私的人；但对自己的要求则是非常严谨苛刻。对于身边的人或事物时时充满好奇心，同时也处在怀疑警戒的状态中。另外，“大脑多向思考者”能随时自我解嘲，化解尴尬。敞开的心灵、好奇心、幽默感及纯真性，皆是“大脑多向思考者”智慧的表现。别忘了他们还有丰富的创造力与想象力。

“大脑多向思考者”具有独树一格的人品。他们满腔正义感，刚正不阿，诚实坦率，而且言行如一。建议你：若你能学会掌控自己的情绪，你就能够接受自己原本的情形。要能有效地管理你的情绪，其解决之道便是要了解自己。当你越了解自己时，身旁亲友们也会更加了解你。换言之，一旦大家了解你，当你的情绪风暴降临时，大家能够妥善因应，迎接暴雨的来临。如此一来，你的情绪与多愁善感都将会成为你的良师益友。[⑧]

因“情”而生，因“情”而死

“大脑多向思考者”的大脑，是由右半球情感区发号施令，主控行为。“大脑多向思考者”习惯于贬低自我，而且他们对别人对自己的评判近乎病态的敏感，所以会造成他们更不知如何管理自己的情绪。殊不知他们所需要的是来自他人的正向鼓励与自我的肯定。亲友的支持、鼓励打气、温暖拥抱、肢体接触，还有健康的人际关系，都有助于“大脑多向思考者”朝正面发展。还有“大脑多向思考者”一旦专注于某件事时，绝对没有任何事物能够让他们转移注意力。

“一般人”会认为这些“大脑多向思考者”可能拥有不协调的大脑机制。然而，在吉尔·波特·泰勒（Jill Bolte Taylor）所写的《左脑中风，右脑开悟》[⑨]一书当中，作者提及她人生巨大的转变，是从

⑧《情绪使用手册》，Jouvence 出版社。——译者注

⑨ 法语书名为 *Voyage au-delà de mon cerveau*，原文英语书名为 *My Stroke of Insight: A Brain Scientist's Personal Journey*。——译者注

自己经历左脑中风后，只能单独使用右脑思考开始。吉尔感受到自己是如此的“缺乏情感”“缺乏自信心”。她对于情感有强烈的需求，希望获得许多温暖的鼓励。同时，她也觉得自己变得特别敏感。有生以来，她第一次感受到真善美的境界，同时她敏锐地察觉到自己身边朋友给予自己的压力。然而吉尔以上所有的人生新体验，对“大脑多向思考者”来说，却都只是司空见惯之事，不足为奇。

有的人会说“大脑多向思考者”在求学的过程中，只会为了他们自己而读书，不会为了父母或教师的缘故而奋力学习，我觉得这句话只说对了一半。如果“大脑多向思考者”遇到有爱心的父母，或是充满热情的老师，或者自己有兴趣的科目，他们的表现会令人惊讶。

当我跟克莉斯汀谈到读书这件事时，她笑着说：“我高中二年级时暗恋物理老师，当时我的学期平均分有十八分[10]之多。第二年，换了一位老太太当我的物理老师。啊！你可以理解我的失望，我不能再见到心爱的老师了。另外，这位女教师看起来冷漠又有距离感。对了，她还有口臭！所以，物理就离我越来越远。我的高中指定科目考试连续两年只考了四分。

“发成绩单那天，我注意到这位物理女老师来看榜单，其实那天

---

⑩ 法国学制的成绩评分是以 20 分为满分。——译者注

只有这位老师来关心我们的成绩。从她湿润的眼眶中和脸上发光的表情上，我知道老师对于她的学生们的表现感到非常骄傲。虽然老师是位矜持、严谨的人，但我想她的冷漠只是表象。直到现在，我对这件事还感到非常内疚。因为如果我知道她是那么爱我们，我想我的物理指定科目考试成绩会更好。同时，我也对于我随意批评他人这件事，感到很难过。”你们可以想象：当这个故事结束时，克莉斯汀的泪水几乎决堤而出。

当“大脑多向思考者”成年后，来到职场，假如办公室内有股消极或被动气氛，或是遇到一位颐指气使的主管，上班工作对“大脑多向思考者”而言，将会是一件苦差事。此外，若还遇到上级主管催促、责骂的压力，他们则会关起门来，不与外界沟通，拒绝回应别人。在工作上，我们要如何激励“大脑多向思考者”的工作表现呢？我们应以温暖的鼓励代替冷漠的批评，如此会增加他们的自信心。最好的鼓励方式就是信赖“大脑多向思考者”。一旦感受到主管的信任和肯定，他们的工作表现一定会突飞猛进，超乎大家的期待。然而，今天我们的企业多以批评员工代替加油打气。

压力让你假装冷漠

莫莉·撒摩纳（Muriel Salmona）是一位心理创伤治疗师。通过她的研究，我们能够更清楚地了解“压力”在大脑中运作的模式。

在我们大脑中有一个腺体，称为杏仁核，它就像是一个警报系统。杏仁核的工作是解读感官所接收的信息，并决定是否对该事件产生恐慌的反应。假使一个人受到身体或心理的攻击，杏仁核就会被激活并产生压力激素；同时，肾上腺也会分泌皮质醇和肾上腺素。由于杏仁核的反应，我们整个人便会感受到压力，处于紧张的状态，这种状态是用来帮助自己逃离现场或留于现场继续战斗。杏仁核中的压力激素一旦提高，我们的五官敏锐度也会相对增加，同时整个身体会充满活力，肌肉力会加强，以随时准备应战。此时，我们的血流加速，心脏跳动加快，呼吸急促，肌肉收缩，这些生理反应都是帮助我们处于战斗状态或立即离开现场。

若当现场战斗的可能性为零时或处于战斗条件不充分的情况下，大脑内的杏仁核会一直处于恐慌的状态，我们称之为过热现象。另外，我们大脑的组织皮层神经中枢，其功能是分析情况并平缓由杏仁核发出的警报信号造成的反应。为了防止杏仁核因过热而引起肾上腺素分泌过量或造成神经皮质醇的中毒，促使心脏骤停，导致人死亡，此时大脑会发送新的化学物质，即吗啡与氯胺酮，这两种化学物质会协助关上警报系统，将杏仁核设置为“关”的状态。一旦稳定脑内的杏仁核后，当事人的情绪、心智会平复，如同与外界隔绝一般。

假如紧张的压力一直没有解除，该当事人不会有什么特别的感受，只会觉得当下有股完全不真实的感觉。我们将其称为“暂时脱离”的状态。该当事人会如同旁观者一般，观看当场发生的事件。

这种“暂时脱离”机制是因为当事人的大脑会持续发送吗啡和氯胺酮，造成个人产生麻醉与隔离的状态。这种机制虽然可以帮助受到刺激的当事人存活下来，但会产生后遗症。因为当事人一直处于紧张的环境中，杏仁核不能借由海马体产生稳定的状态。海马体的功能类似处理人类的记忆与学习能力的软件。它无法解决当下的状况，也就表示大脑的安定机制不再顺利进行。因此，紧张的信号一直停驻在杏仁核中，无法解除。有时事过境迁，多年之后，每当记忆重现时，当事者会感觉到身临其境，完全回到当时的状况。加上杏仁核的警报状态一直未解除，这种压力情况就会一直困在杏仁核中。若该事件引发的压力一直重复出现于当事者的身上，这种情形我们称之为“创伤后压力综合征”。

对于“大脑多向思考者”来说，他们的大脑杏仁核是非常敏感的，一直处于高灵敏接收度与强烈的情绪状态下。再加上他们的反应启动机制非常慢，每当有外来事件发生时，此事件的刺激程度超过或低于本身杏仁核所处的状态，便会产生“暂时脱离”的机制。该机制是一种个人保持警戒的状态。

因此你可能会发现有些“大脑多向思考者”突然间会说出一些无意义的词汇或做出异常的动作。这是因为他们大脑的前额叶功能突然关闭。大脑的前额叶皮层的功能是以思考推理为主，判断合理的事物。也就是说“大脑多向思考者”突然被某个外来的突发事件吓傻，无法思考。因此便会做出一些奇怪的动作或说出一些奇怪的话，但回过神来之后，他们的表现会正常许多。或许有的人看到他们吓傻的样子，还不太相信这样的人会拥有“高超的智慧”。其实，他们本身也不知道自己的傻样会吓坏别人！

无论是在何时何地，“大脑多向思考者”都有可能出现以上所说的“暂时脱离”的状态。这样的结果可能会造成有些“大脑多向思考者”注意力不集中、常做白日梦或干脆离群索居生活。但也有的人会选择夜夜笙歌，灵魂漂流，忽视自己异于常人之处。本文刚开始提及的卡蜜就是有代表性的案例。卡蜜在喧杂的人群中，瞬间会产生不知所措、若有所失的感觉。对于朋友间谈论的主题、笑话，她都觉得很无聊，无法融入欢乐的气氛当中。她心中只有一个想法：赶快回家！

“创伤后压力综合征”的成因是由于多次的压力造成的危险紧急情况持续堆积在杏仁核中，造成杏仁核不断增厚。每次“大脑多向思考者"会产生"暂时脱离"的现象，都是因为杏仁核内的压力造成的危险紧急情况一直无法被处理、被传递或者经由海马体产生安抚的作用。而这些紧急情况不断地堆积，压力不断地增高，每次的反应便会越来越激烈。也因此造成"大脑多向思考者"在许多情况下，会产生潜在的"创伤后压力综合征"现象。

因此，这个极端的结果造成"大脑多向思考者"变得异常冷漠，不想接触任何人，避免产生情感的纠葛，因为他们会觉得自己无法融入社会，而选择离群索居，单独过活。这个选择也是基于自我防御机制的缘故，与人群隔离，居无定所，随着人海沉浮，心中了无牵挂。或许有的"大脑多向思考者"会理智地思考他们的情绪状态，但却一点儿都不知道自己是属于高情绪化族群（hyperémotif）的人。虽然"大脑多向思考者"的外表看起来冷漠疏离，但事实上，他们的心正不停地沸腾燃烧。

你的心就是我的心

"大脑多向思考者"还有一个特质，就是具有高度的同理心（empathie），非常善解人意。首先，须分清楚同情心（compassion）与同理心的差别。同理心是指他们可以理解到对方的情绪状况。同情心就像是情感泛滥（invasion émotionnelle）的代名词。"大脑多向思考者”可以察觉、猜想，甚至瞬间地感受周围人群的情绪状态，即使对方是陌生人。他们出于本能，像海绵一样，汲取他人的情绪，实时了解到对方的感受，何时是好心情，何时处于糟糕透顶的状态。事实上，“大脑多向思考者”可一点儿都不想感觉到别人的痛苦，但这是与生俱来的能力。他们往往不自觉地感受到他人的情绪，有时自己也会被人来人往的大量情绪所淹没。有时，也有很多“大脑多向思考者”抱怨这种迎面而来的情绪，多到会承受不住。他们不仅对噪声、人群的流动、多种感官的刺激感到敏感，而且对于大量涌入的情绪感到困扰与疲倦。因此，有的人会选择尽量远离人群，避免受到影响而出现情绪波动。

我的咨询者维若妮卡说：“我实在无法忍受待在超市里，那种感觉糟糕透顶！我可以感受到周围人群的情绪与烦恼。因此我会尽量避免到大型的超市，通常我都是在人少时，去小型的超市购物，会尽快采买完毕，远离人群。我对超市的感觉，实在太糟糕了！”

拥有高度同理心，也会使得“大脑多向思考者”可能成为一位宅心仁厚的人。第一个原因是由于他们的善解人意，对方不必做过多解释，便可真正了解他们；同时，“大脑多向思考者”也不会想要去评断他人。另外，当我们的亲友难过或承受压力时，“大脑多向思考者”绝对不会坐视不管，冷漠无情。因为对“大脑多向思考者”而言，只有在别人处于良好情绪下，自己才会感到自在。因此，他们首先会想到的事就是照顾好他们身边的人，大家气氛和谐，如此一来，他们才能找到自己的平静。最后，我们要知道的是，“大脑多向思考者”永远不会伤害他人。在他们想伤害别人之前，首先受伤的一定是他们自己，而不是对方。或许在别人的眼中，他们看起来会像是位好好先生。由于“大脑多向思考者”无私的天性，不会心怀诡计，算计他人，他们完全无法想象世界上会有诡计、欺诈和怨恨存在。也因为如此，“大脑多向思考者”的善意有时会受到有心人士的利用。但是“大脑多向思考者”以为大家都与他们一样，天真善良。一旦他们受到欺骗与利用，则会变得非常脆弱，转而不相信人性。

有些“大脑多向思考者”活在太多的背叛中，加上无法理解对方的行为，他们会变得喜欢挖苦人、产生多疑偏执的行为，还会怀疑自己的判断力。最后，离群索居、与世隔离成为他们保护自己的唯一方法。

值得一提的是，由于“大脑多向思考者”容易感受到别人的痛苦，他们通常成为善于倾听、抚慰他人的良伴。也因此，很多“大脑多向思考者”会选择协助、辅导他人的工作，并将此作为终生的职志。

和他人心有灵犀

“大脑多向思考者”有能力感受到他人的情绪、阅读对方的肢体语言、觉察他人语调的变化或遣词用字的改变，以此了解到对方的想法。大多数的“大脑多向思考者”拥有心电感应能力，可以了解对方的情绪状态、怀抱的期望和脑海中的思想，这一切都是自然发生的。虽然有的“大脑多向思考者”不知道自己拥有阅读他人的能力，但自己还是会不自觉地使用它。但如果对方是“大脑多向思考者”不感兴趣的人，或者“一般人”知道“大脑多向思考者”能阅读他人的心思时，拥有这种直观能力并不是件好事。

克莉斯汀刚好告诉我一个故事：“前天，我开车经过一位女性朋友的家，要还书给她。刚好她不在，是她先生开的门。可是这对夫妇刚好处于协议离婚的阶段。她先生认为他的太太都是被朋友带坏的，尤其是我。当他开门看着我时，瞬间我可以感受到他的愤怒。突然间，他开始发泄心中的不满，可是不敢对我大呼小叫。我只是冷冷地直视着他，他可以感受到我看穿了他。我的确看出了他高涨的愤怒、不满的情绪。当然，我赶紧离开他家。但是，后来我的确花了很长的一段时间，来疏解他传递给我的负面情绪。”

由于“大脑多向思考者”很容易猜测到人们心思的动向，他们也会以为我们“一般人”都可以了解到他们的想法。但是大多数“一般人”不会阅读肢体语言、不会去猜测别人的想法，也比较冷静沉着。对于“大脑多向思考者”来说，当他们看到“一般人”冷眼旁观、漠不关心的态度时，会感到讶异，认为“一般人”冷漠的行径是蓄意而为，这也的确伤了他们的心。总结来说，“大脑多向思考者”若寄希望于“一般人”可以如他们一样善解人意，这简直是缘木求鱼，不可得也。

任何事都逃不过你的双眼

安妮说：“一切我都看得很清楚，我什么都知道。任何事都逃不过我的双眼。我可以很清楚地知道，我们当中有谁没洗澡，昨天跟今天是穿同一件衣服。此外，谁没刷牙、谁没擦鞋、谁身上的裤管洗到稀烂、谁衣服上少个纽扣等，我都知道。我观察一个人时，不只是看他的全部，也看他身上所有的细节，即使是最细微的部分。人们的穿着、站姿或说话的方式等每个细节都逃不过我的双眼。事实上，并非是我想要观察别人，而是我不得不这样做。这股观察的驱使力胜过我个人的意志。即使我不对人说出我所观察到的事，这样的感觉还是困扰着我。如果我发现有人会自己骗自己，或被纠缠不清的矛盾所困，当下我会义正词严地指出他们试图逃避的问题，或者他们不愿意面对的答案。因此，有人跟我在一起时，会感到很不自在，知道我敏锐的观察力会让他们陷入窘境。一旦我发现问题或紧急情况时，我会不加思索地说出症结所在。通常事情发生前，我便可预知结果。但是这种‘未卜先知’的感觉实在让我很困扰与疲惫，甚至产生孤独感。”

只有很少数的“大脑多向思考者”可以从“心灵感应”的能力跨越到“超洞察力”。“超洞察力”是指当事者能“头脑很清晰”地看清楚每个事件。这可不是魔术或骗人的玩意儿。因为这种能力所展现的就是“大脑多向思考者”细心地观察所有微小的细节，直觉地将这些琐碎的事件串接、拼凑起来。然而，对于这些事件，当下大家绝对不会轻易地发现它们之间的关连性。

安妮继续说道：“有一天我参加了一个聚会，有对夫妇整个晚上看起来非常恩爱，可是我并没有感觉到他们很相爱。为什么呢？我不知道。这只是我的直觉罢了。因为他们整个晚上都没有交换一个关爱的眼神或温柔体贴的举动。通常我这么说时，有人会立即反驳说：我不同意你的说法，你为什么总是那么悲观。我觉得这样的夫妇到处都有啊！他们并不是唯一的一对。几个星期后，这对夫妻因为一些问题分居了。大家都感到很惊讶。”但对于像安妮这样的“大脑多向思考者”则会感到特别沮丧，因为她预言了这对夫妇的婚姻，仿佛自己就像个不祥的人，带来了灾祸，让大家觉得有“乌鸦嘴，祸来到”的感觉。

因此，有很多“大脑多向思考者”会避免告诉人们自己察觉到的事情。虽然在事件发生前，他们会看到、听到或察觉到很多的情况，但最后会选择保持沉默。原因是“大脑多向思考者”不想因为人们不相信他们所说的“预言”而发生争吵。就像卡珊德拉公主的遭遇一样。

卡珊德拉综合征

卡珊德拉是特洛伊城内一位美丽的公主。她的父亲普里阿摩斯国王拥有特洛伊城（Troie）和王后赫卡柏（Hécube）。同时朝中许多忠心的臣子协助她的父亲处理国家大事。这些朝臣们都梦想着有一天可以迎娶美丽的卡珊德拉公主为妻。甚至连太阳神阿波罗也爱上了这位公主。一天，卡珊德拉公主同意阿波罗的求婚，但她有要求：就是要阿波罗教她占卜术。阿波罗答应了。然而，卡珊德拉公主学会了占卜后，就改变主意，拒绝阿波罗的婚约。阿波罗为了报复公主，诅咒她：卡珊德拉公主所占卜的预言，将会没有任何人相信。故事的最后，尽管卡珊德拉公主成功地预言，特洛伊王子帕里斯在从巴利（Pâris）到斯巴达（Sparte）的途中，特洛伊城会遭遇麦尼劳斯发动的木马屠城事件，自己的国家将会灭亡，但是城中没有一个人相信她。

因此，我们利用“卡珊德拉”这个神话来形容有些人能预知未来，但最后却落得无人相信的结果。相信许多“大脑多向思考者”对于卡珊德拉的故事都很有同感。他们很清楚地知道未来会发生什么事，但却无力避免或阻止不幸事件的到来。以下我们要解读“卡珊德拉”这个故事背后所代表的意义。

首先，第一种解读是，当“大脑多向思考者”知道过多的事实时，会有“高处不胜寒”的感觉。因为他们希望大家对他们所言之事能够当真，以避免发生不幸的事情。但若遇到身边的人不相信他们，他们即会陷入孤独与难过之中。人们会把他们当成乌鸦。然而，预言成真时，有些“明智之士”并不会想到“大脑多向思考者”曾提出的警告。相反，那些人的反应通常是尖锐无情的，即使“大脑多向思考者”在事件发生后说：“我已经告诉过你（们）了。”

第二种解读是“心有余而力不足”的感觉。“大脑多向思考者”明明知道他们所做的事（预言）是正确的，但没人愿意相信他们。日本有句谚语说：“会敲钉子的东西，叫作锤子。”⑪他们有着深深的无力感，却无法改变即将发生的事实。因此，“大脑多向思考者”为了不被众人排挤，会随着大家人云亦云，迷失在茫茫人海中。因为他

⑪“当头棒喝”之意。——译者注

们害怕被嘲笑与排挤，即使知道有问题，还是会选择跟人群呐喊一些似是而非的事，大家就像是“一群狼大声嚎叫”。然而，影星尚格·云顿（Jean-Claude Van Damme）曾说：“虽然我用大众娱乐的方式，来跟大家一起说说笑笑、打打杀杀，但通过我的电影，我会传达出我想说的话。”他是以另一种方式来呈现个人的意见。换句话说，一位娱乐大众的丑角也可以是一位深沉的智者。他说道：“在人云亦云中，真相终究会浮现！”

另一种解读预言的说法是阿波罗选对了对卡珊德拉的惩罚，因为她的确需要建立取信于人的能力。

所以，卡珊德拉发现了一个残酷的事实：自己虽然拥有精准预言的能力，却无法取信于众人。她觉得自己需要在人群中发挥个人的魅力，说服大众关注预言未来的秘密。在人云亦云的世界中，请你们不要低估“说服大众”的微渺可能性。即使众人都认为该事件将会每况愈下，但你所发现的具体证据并非如此，却又无法力挽狂澜将大家带回到客观的事实当中。这种情况如同在承平盛世时，没人想要听警世明言的道理，群众像得了“泰坦尼克号综合征”。但请记住：当一个小小的想法被大家广泛地讨论时，就会形成集体共识，这种共识的声音有时会大到将任何反对的声音掩盖住。

如果“大脑多向思考者”遇到如卡珊德拉的状况，可以用以下的方法，用自己正面的经验影响他人，使人获益。但也请注意：有时因为我们发现了一些不正确的线索，造成不正确的推理。因此，我们须从经验中学习如何正确预测未来，不要妄加揣测。劝告好友的时候要注意方式，例如不要先说出你预先感觉到的事物，让人们按照自己的步伐往前迈进。一旦你发现未来这个事情可能会一发不可收拾，可以试着提醒亲友们，但也要很小心地拿捏分寸。如果你的亲友不愿听你的建议时，请赶快收手，不要再说下去。或者有时你也可以使用发问的方式，来提醒被亲友们忽略的重点。希望"大脑多向思考者"能正直坦率地劝解他们的朋友，但也不要忘记观察他人的反应，适时地如神探科伦坡，[12]提出问题帮助他们反思。例如，给朋友提建议时，可以用如下说法："你可以把洗衣机放在阳台上，这样一来，你的空间会增加很多，而且也方便排水，你觉得呢？"

只出现在我眼里的事物

由于"大脑多向思考者"很怕会被别人视作"疯子"，他们会小心翼翼地查探朋友们是否会接受他们所提出的建议、会不会怀疑他们所说的话。此外，"大脑多向思考者"会经历一些超自然现象，例如：

⑫《神探科伦坡》（*Columbo*）是美国著名的经典电视电影系列，由彼得·福克（Peter Falk）主演。——译者注

心电感应、预知未来、感受纯净的爱与和平的境界、看透事物的本质、与大自然融合的狂喜等。由于如此，他们常常会迟疑要不要说出他们的经历。

我的咨询者彼得迟疑了很久，终于对我说道：“有一天，我一个人坐在黄花遍野的树林里。看着美丽的风景时，我逐渐进入冥想的状态。我突然感觉到自己被美丽的黄花团团围住，成为黄花树的一部分。我感受到平安喜乐，觉得宇宙无边的爱在我身上围绕。说实在的，我觉得这个体验真的很困扰我，到现在还很难说出口。”

吉尔·泰勒是一位理性的科学家。在经历中风的那段时间，她感受到意识扩张的神秘经验。她描述了自己与宇宙融合的感觉，也提及与其他形态的生命共同沉浸在宇宙大爱中的体验。

我想要再次强调的是，以上所述并非借由什么魔力而造成的。若以科学的角度来看，彼得与黄花两者是可以兄弟相称的，因为在人类的遗传密码中，有四种核苷酸与地球上所有的生物相同。若要与大自然融合、与万物接近，即使是苍蝇也好、植物也罢，你只需意识到它们的存在即可。“大脑多向思考者”四面发散的思考方式，使得他们可以感受到自己是属于宇宙中的一部分。也正因为如此，他们会对各种形态的生命怀有极大的敬意。

除此之外，物体是由原子组成，所有的物体都只是在能量海中移动的原子结构。若我们真的要说“人”与“桌子”的差别，那就是几个原子与振动频率的差别而已。从无垠的世界观来看，频繁使用我们大脑的右半球可以说明神秘经验的现象。吉尔·泰勒说她中风后，所看到的现实世界变得更加清楚。四周的环境如同一幅印象派的画作，她所看到的大海，是无数的点点绘制而成；浮动的波涛如点状的物体在移动。她看到的影像甚至可以达到画像元素（pixels）的单位。我觉得使用印象派的画作，最足以说明“大脑多向思考者”的感受。但要注意的是“大脑多向思考者”通常是非常谦逊的人，而且不认为自己拥有与众不同的看法。因为他们了解到自己如此渺小，微不足道。

“大脑多向思考者”会接收到他人如排山倒海而来的负面情绪，使得自己无法喘气。因此他们会觉得有时这些超自然现象会如做梦般真实，自己常无法分清现实与虚幻的差别而陷入迷惑。

我在前面的一些章节中提到高敏感的五官。灵敏的五官接收器正是开启你了解浩瀚宇宙的入口处。现在请静下心来，花些时间去感受五官所接收到的信息。如水晶般觉察自己的想法。也许一直有人会对你产生质疑，认为你的大脑跟“我们一般人”不太一样。但现在正是你接受自己并为你自己感到骄傲的时刻。

现在请你与自己灵敏的五官共舞，建立更大的自信心。你将会发现自己拥有的潜能是如此之大。通过一个人身上的香水味、脚步声，你可以辨识某人的到来。品尝一道美食，你可以说出这道菜是由什么做成的。听到一段乐曲，你可以分辨哪段旋律是属于笛子演奏的部分。请相信你自己的直觉，让你的五官尽情自然地发挥。相信自己的观察力，便能记住所有的细小事项。在下一章，我们将谈到你活跃的大脑右半球。

第3章 总是停不下来的大脑

左脑和右脑有什么不同

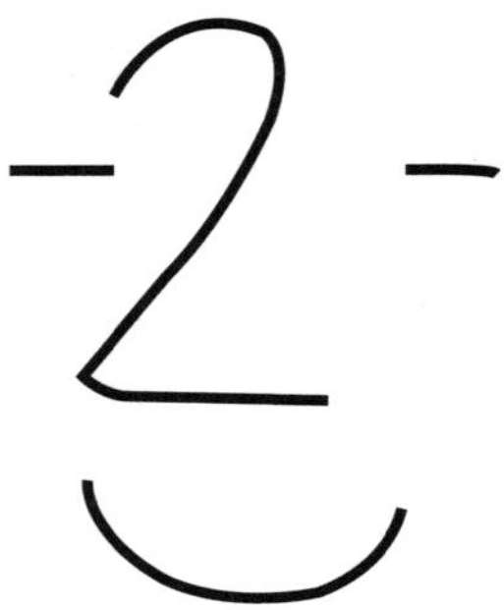

图一

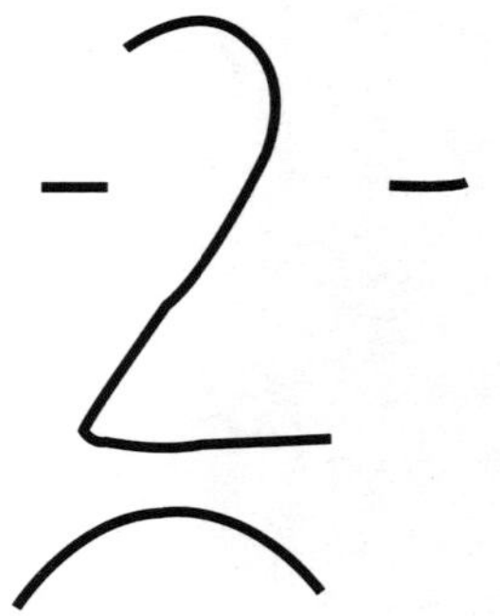

图二

本章的第一部分，会说明你五官高灵敏性的原因及造成的现象。我邀请你跟我一起来发现你惊人思维的原创性与活动力。

大多数人会认为我们人类的大脑都是相同的，只有一种思维方式。

这样的观念是不正确的。就生理学的层面来说，我们的大脑是由两个半球所组成，经由胼胝体（corpuscallosum）两个半球彼此相互沟通。

当我在研讨会中说明左、右脑的差异时，刚开始我通常会先画图一。

随后，我会问与会的来宾：“请说出从图中你看到了什么？”通常大家的回答是：“一张微笑的脸。”然后我又画另一张图（如图二），我还没转身前，台下的听众就一起大声回答：“啊！这张脸有点臭。”

然后，我又问听众：“为什么你们会觉得这是一张脸呢？为什么你们说它很快乐或悲伤呢？”这之后的回答就有点复杂了。“啊！就是一张脸啊，因为它有眼睛、鼻子和嘴巴！”“并不是这样的啊！我没有看到眼睛、鼻子和嘴巴。只有三条线和两条曲线啊！”“有啊！你看那嘴巴，正在微笑啊！”“嘴巴？什么嘴巴？那只是一条曲线！”“理性地来说，这图的确没有一张脸啊！”“有啊！我们大家都看到了。”根据以上的对话，我们会发现人类的大脑分为左、右两个半球。以左脑思考的人，看这张图时，会发现只有直线和曲线，更甚至有的左脑主宰者会只看到数字 2，那是因为他们只看到符号而已。对用右脑思考的人而言，他们看这张图时，会立即说这是一张脸，还是一张有表情的脸。这群人无法说明为什么，那是因为他们无法善用言语的表达能力。

用左脑思考的人，善于线性思考，做事情有方法和步骤，善于口语表达及数字处理。他们知道如何定义名称、描述事件、界定事情的先后顺序并且熟悉数字及运算。这群人擅长分析，习惯把整体的事物分割成单一个体，喜欢循序渐进地处理事物。我们也可以说这群人喜好符号、精于抽象分析而且善于理性与逻辑的思考方式。

以左脑思考的人，当他们执行工作时有次序步骤、按时间排列并建立事件的因果关系，推测出不同的结论。但通常他们只会提出单一的解决办法。当我们大量使用左脑时，当事人会意识到自己的独特性，激发独立自主的能力，并倾向个人主义。

以右脑思考的人，享受活在当下的喜乐。他们倾向使用五官的感觉来接收信息，相信自己的直觉与本能，倾向以全面整体的方式来观察一件事。他们也会从最小的细节或单一部分来看该事件，但最终又会回到整体架构的思考模式。通常来说，当他们学会某知识时，会无法明白地交代他们了解的过程。因为他们的思想模式像树枝般呈现多维发散状。不同于左脑思考者，他们有能力提出多项的解决办法。但他们也是一个拥有丰富情感与情绪的人，可以说他们是非理性的。他们感觉自己是住在一个人类大家庭中，同时也是与其他不同的生命形态共同生活在这个地球上。因此，当他们看待这个世界时，会以无私和慷慨的眼光来看生命。

每个大脑都拥有它的逻辑，也各有自己的语言。我们称左脑会说数位语言。数位语言是属于客观、逻辑及大脑的语言。它的功能是用来说明解释、翻译分析事物。显然，在科学、教育系统及工商企业等领域，我们大量使用这样的语言。一旦使用这种语言时，当事人无法通过整体的角度来观察事件的发展及原因，尤其对于心灵层面的事物，数位语言也无法应用其中。

右脑所表达的语言是属于类比、关连性的事物。这个语言会包含图像、符号及隐喻意义在其中，它是一种整体综合性的话语，会对很多事情提出一个总合全观性的看法。右脑的语言也是表达幽默感与声音相关的语言。右脑的语言使用者，会说出模棱两可的话或者善于选择一些特别的词语，喜欢玩双关语，说话带有弦外之音。我们可以说右脑语言是个“浑沌”的语言。

你可以看出，由于人们大量使用左脑或右脑，造成每个人处理信息的方式各有不同（事件），有兴趣的事物也不同，并产生不同的想法。我们可以说因此每个人拥有自己的人格特质，左、右脑各拥有自己的个性。所有人的逻辑思考方式及他们的心理与心智状态，都取决于他们大脑中推理中心的位置。大多数人是以大脑左半球为主导（约占 70%~85%）。而“大脑多向思考者”则是属于右脑思考者（约占 15%~30%）。由于人们受到左脑或右脑的主宰，各自使用不同的神经系统，衍生出不同的行为模式，仿佛会让我们觉得彼此是来自不同星球的人。

也许你以为对方都跟我们拥有一样的思考模式，别人都知道我们在想什么，举例来说，我们常认为只要说出几个字或词组，对方就会懂得其中的含意，又或者当发生某些雷同的事件时，我们都以为大家会有相同的反应，但是事实并非如此。每个社会都会各自发展出独有的暗码语言，得以使该社会自然运作，大家共同合作，和睦相处。该暗码语言运行于当地社会时，彼此不需要解释，便可了解其暗码所代表的意义。西方社会所使用的暗码较偏向于左脑使用者所说的语言，也就是大多数人所使用的数位语言。因此，当使用左脑逻辑表达个人的想法时，常会让“大脑多向思考者”有摸不着头绪的感觉。

从童年起，“大脑多向思考者”容易受到同辈的嘲讽，因为他们常发生大家难以理解的情况，而被贴上个性乖张、孤僻或愚蠢的标签。在学校里，这些“大脑多向思考”的孩子会被抱怨说他们上课不守秩序或不按照老师教课的流程学习等。事实上，他们提出的问题是用来厘清自己不了解的地方，但有时问题过于发散，老师会认为这些孩子不按步骤、胡乱发问，根本就没专心听讲或是以为他们故意捣乱，影响上课秩序。因此，这样的孩子在班上常会处于边缘人的角色。对于“大脑多向思考”的孩子来说，这种被误解的感觉便让他们产生不安，认为自己不适应如今社会的人际关系。有时候，在一个轻松愉快的谈话中，突然间“大脑多向思考”的小孩会沉默下来。问他们发生了什么事，是什么事让他们沉默，他们会为这样的情形感到很尴尬。因为他们自己也不知道在这充满激情的互动中到底发生了什么事。由于右脑思考者常产生这种“暂时脱离”的现象，使得他们的人际关系变得很脆弱。“大脑多向思考者”实在不明白为什么对于别人来说看似简单的事情，但对他们却不然？

这种“暂时脱离”现象，对于“大脑多向思考”的小孩来说，感到最痛苦的时刻是当同辈间说笑话的时候。杰诺告诉我：“我最讨厌的事，就是有人讲笑话，其实我都已经知道这个笑话的笑点。所以，对我来说这个笑话一点儿都不好笑。因此，每当我听到不好笑的笑话或是很差的笑话时，我都必须隐藏我心中的想法。”

“大脑多向思考者”也是有幽默感的人。但是他们的幽默感都是属于个人的，甚至一群“大脑多向思考者”在一起时，也难以分享这种幽默感！像杰诺这样的“大脑多向思考者”认为有趣好笑的事，对于左脑使用者来说，可能会觉得一点儿都不好笑。

左脑会协助人们实现理想、落实计划。为了协助“大脑多向思考者”开发自己的左脑，建议你多从事以下活动：阅读与写作，回到学校念书，执行需要集中注意力与精确性的工作，例如做做手工艺品或裁缝，还有做一些运动。举例来说，武术运动可帮助你发展毅力与耐力，使你达到身心平衡。

右脑主宰我们的创造力。我们要如何开发自己的创造力？建议多参加文艺活动，所有可以刺激大脑右半球的活动，例如油画、素描、拼布、黏土、舞蹈、音乐等。以下活动也可以帮助“右脑使用者”舒缓情绪并减轻压力，例如：冥想、放松、气功、太极拳、瑜伽等。越多做以上的活动，越能帮助你疏解情绪。

我们的神经系统是属于结构化的，当然我们是有可能开发大脑另一半边的功能。但首要之务是，我们必须尽力先开发原本主导我们行为模式的脑半球，无论是左脑还是右脑。

大脑多向思考会如何

思维呈现如树枝般的多维发散状

玛依即将要作一个有关意大利文艺复兴时期的报告。她的脑海中有很多想法。但是她想的题目越多，越觉得不知所措。每次她找到一个新的主题，又会联想到另外一个。她找到的内容越多，就越不知如何是好。因为玛依是一位“大脑多向思考者”，缺乏关闭接收信息的机制。从找到或想到的信息中，她不知如何做选择，如何排定这些资料的先后顺序。在好奇心的驱使下，一幅画作突然间飘到她的眼前，她便想选定这位画家的事迹作为开场白。玛依认为这位意大利画家鲜为人知，应该要帮这位画家恢复他的名声和地位，她这样做的原因是她追求公平正义的天性使然。可是话说回来，画家与画作只能代表文艺复兴时期的一个方面而已。别忘了还要讨论十五世纪文艺复兴时期的伟大哲学家。所以，她觉得应该谈谈哲学家米兰多拉（Giovanni Pico della Mirandola）。可是，如果谈他，又得要介绍他的作品，而且还不能只谈一本著作而已。是不是还要说说其他哲学家的作品呢？她的大脑又想到哲学家伊拉斯谟（Érasme）的身上。可是如果谈到伊拉斯谟，好像又偏离主题了。你们会发现玛依的思绪是如此发散细腻。突然间，她会惊觉到自己的思绪飘离了主题，然后又会重新聚焦。对了，我们不要忘记谈美第奇（Cosme de Médicis），他不仅是文艺科学的守护者，还是位人道主义者与前卫的政治家。

因此，玛依又回到那些研究的资料上。在想象中，她仿佛看到佛罗伦萨广场上的宫殿入口处那座雕像伸出了它健壮的臂膀。随着时间的流逝，突然间，她跳了起来，总觉得自己无法完成整个报告的结构。她觉得如果只谈到佛罗伦萨的文艺复兴时期，那只是一个方面而已，应该还要谈罗马、威尼斯这些城市……唉！玛依泄气了，她觉得自己永远无法写完这个报告！

当她上台做报告时，内容很可能会过于繁琐详尽，在段落与段落间毫无关连性，有的段落阐述过多或过少。当她想提及那被遗忘的画家时，因为某些缘故，又想到要分享她对哲学家伊拉斯谟的想法。当她的指导老师听完她的报告后，会认为玛依没有说清楚文艺复兴时期的文化概念，会认为她没有花时间准备这个报告。我们知道玛依很认真，巨细靡遗地寻找许多资料，但她所花的时间与精力并不会完全地呈现在她的报告中。

像玛依这样的思考模式，我们称为发散性思考，如树枝般呈现出多维发散的思考方式。也就是说，你有一个想法会衍生出十个想法，这十个想法又衍生出数百个联想，形成无限丰富的想象蜘蛛网。这样的思考模式也正说明你大脑的转动将永远不停歇，一直有新的想象大门不断地开启。如果你像玛依一样，拥有各种各样的想法，建议你充分发掘每一个想法的各个方向，然后别忘了要回到该主题的主轴，虽然有时候你会觉得过于麻烦和重复，但请根据该主题的精确程度，来开发你想象力的延展空间。

通过玛依的事件，你可以了解到她拥有非常有创意的思考方式。试着想象，如果有人雇用玛依重建意大利文艺复兴时期的生活，她一定会发展出更多的想法，例如饮食生活、服装饰品、休闲娱乐、公共场所建筑等。以上信息的联想发展，都是通过玛依所提到过的画家、哲学家或城市等周围人物，逐渐组织、拼凑而成。对于“大脑多向思考者”而言，往往是通过一个主轴的想法，收集到周围发散出的零散信息，在他们的大脑中会将这些收集到的繁琐信息，自动重组。

因此，如果你像玛依一样，拥有发散性思维，我建议你从最基本的主轴发展你的线索信息。为了不让你的思绪过于发散，请不时地问自己为什么要这样做，你的主要目的是什么。

对于寻找解决方案，发散性思维方式特别有效。线性思考的方式是连续性的，会产生一个接一个的想法。但是发散性思维在同一时间内会反思出多种思考路径，而这些思考动作都是在不自觉中立即完成。因此，你会发现“大脑多向思考者”可以迅速提出解决方案，但通常都无法解释这种想法是如何乍现的。

我们来谈谈克莉斯汀如何选定她的居家。她通常在一见钟情的情况下，就选择了她要住的房子。其实她也很讶异，那么迅速的决定，居然可以选中完全符合理想需求的房子。

这房子每个条件都符合克莉斯汀的需求：隔间数目、有壁橱的房间、良好的采光。加上附近还有商店、学校，交通便利，完全是个功能设施齐全的公寓。其实这个选择是通过她大脑收集到的大量信息而做出的决定。她以为自己的选择是一时兴起，但其实她的大脑早已收集了所有相关的信息，因此毫不犹豫地很快就做了决定。事实上，这个选择的过程一切都是经过了深思熟虑！右脑使用者的决策是一项艺术，要不就是非常戏剧性地立即决定，要不就是犹豫不决无法做判断！

右脑使用者的神经脉冲速度非常快。这类人的思考方式是以整体全观性为主，由于他们的神经元网络组织非常发达，可以在同一时间内，快速处理多条信息，我们称其为如树枝状发散性思维。其实发散性思维方式是非常有效率的。然而，它却使左脑使用者最能适应西方社会的教育体制。

“大脑多向思考者”需要复杂的思维

？不完全同意

发散性思维不适用于“专心一致”的学习模式。他们的思维是随时处于自动运转模式，转动不歇，会从一个主题跳到另一个不相干的主题，无止尽地周游于不同的想法中。

“大脑多向思考者”知道他们自己是个梦想家，容易分心而且杂乱无章。这也就是为什么他们不相信自己是个有智慧的人。举例来说，突然间他们不知道自己为何来到厨房中，“为什么我手上有把汤匙，我要干吗？”他们会需要一点儿时间，来找到自己行动的线索。“哦，对喔！我是来拿果酱的！”

罗兰是酒吧的一位服务员。他告诉我说：“我觉得这事太诡异了。当室外区客人很少时，我都必须用笔把这些订单记下来。不然，一回到室内时，我就忘记了。而且我连心算都不会，还得用到计算器。可是，一旦酒吧里的客人多到爆炸时，我的大脑可以记住所有人点的餐，用不着我的小本子。我送餐和找钱的速度很快，从来没有发生过失误。告诉我为何我是这样的人！”

我可以用气垫船的比喻来说明发散性思维的运转模式。“大脑多向思考者”需要有某种刺激启动他们的树状思维，如气垫船的阀。也就是说他们的大脑需要达到某个刺激指数指标后，即接收大量的信息，产生飞快的运转速度，整个大脑的运作才达到全速功率。你拥有多么精致细微的机器！你的大脑需要大量复杂的信息来帮助它高速运作。当大脑充分接收到这些信息时，会加速运转，同时你会处于“暂时脱离”现象的边缘。此时“大脑多向思考者”非常愉悦地享受当下，感到大脑近乎处于心理性高潮。也只有在这个时刻，“大脑多向思考者”会赞赏自己美丽神奇的大脑。

也许有人会对“大脑多向思考者”说：“这个人脑子怪怪的！”当然，像罗兰一样，如果你经常分心，注意力不集中，以“一般人”的想法来评断你的智力，你当然是一点儿都不聪明。

拥有发散性思维的人会产生的负面情况

拥有自动导航的发散性思维的大脑也有缺点。这样的思维会突然产生欢愉的感觉或低潮忧郁的情绪。当你的大脑正在起飞，迎向欢乐之际时，你正想说：“如果是这样，应该会多美好……”突然间，你的大脑思绪转向，瞬间切换到灰暗的想法：“但是，最好不要发生……

的事情。”正因为情绪如此易变，我们常会将“大脑多向思考者”贴上狂躁症、抑郁症或狂躁加抑郁症的标签。因为他们的情绪转换快速而且两极化！当事人自己也搞不清楚为何突然从兴奋的状态坠入阴霾的深谷中，从开心大笑转为泪眼婆娑。然而他们的情绪有如一阵风，来得快去得也快。

“大脑多向思考者”的当务之急，即是要好好控制你的精神导航系统。我们可以使用“一边观察，一边思考”的方法来控制你的思绪起伏。首先，请放慢你发散思想的流速。当你的大脑思路开始分叉时，请注意不要让这个想法走得太远。再者，当你的想法越来越有分歧时，请将分歧的想法拉回最初的想法上。观察你的思路，尝试了解你的想法是如何从最初的起点，走到另一个岔路的过程。

你可以这样问自己：你思绪的起点在哪里？这个想法是要往哪儿去？不停地反思你的想法，渐渐地你便可以掌控自己的情绪。只有通过管理你的思绪，你才能摆脱情绪的阴霾。

我们举个例子来说：当你正要过马路时，走在斑马线上，突然有位鲁莽的司机用喇叭声催促你。这时你的脑海中闪过一个想法，他可能会辗过你。没错，大家的反应都会是如此，没有什么特别的。“一般人”通常会深呼一口气后，继续前进。但是，“大脑多向思考者”就不同了。经历过被喇叭声催促后，你会继续联想下去：“如果我被撞死了，那关于我个人一切的文件准备齐了吗？”你的心思开始旅行了，想到银行、保险的那些文件，还有如何办理你的后事等。突然间，你又想到自己家人难过的样子。这些想法都会让你不寒而栗。后来，你想了想又告诉自己说：“唉！应该不会那么糟，顶多就是受伤吧！”这时一连串的想法又来了：救护车、医院、因伤停职等。如果此时司机更狂按喇叭，你又会开始设想另一套剧本，思考这件事可能会造成的危险情境。你是个编剧大师，从一个小事件展开一连串丰富的情节。而这些想法可能会占据你数分钟到数小时之久。在这段时间内，你一直会处于压力与忧虑的状态中。

一旦你的思绪开始走远，你要能实时对自己说：“停止这一切想法，现在什么事都没发生，那个司机离我还很远，我还活着，身体健康，四肢健全。我不会把这个事件与我个人的情绪搅和在一起，立即离开这个现场，把我的创造力用在今晚美好的宴会上。”请学会驾驭你的心灵。没错，使用你的能量与韧性来管理你的思绪，坚毅地将这些阴暗的想法排除在外。你要关上自动导航的精神系统，将其切换到你个人手动控制。

你不着边际的想象，可以让你在想象世界里犹如在现实生活中。请别忘了你的正面想象力跟你的负面想象力一样强而有力。当你坠入忧郁或焦虑的思绪中时，请记得重新分配你的情绪资源，用力选择正面的想法。哈桑笑着回答："你说的这倒是真的，我只要一想到我那四个月的宝贝，我的头脑就清醒多了。她甜甜的笑容让我忘了一切烦恼。"你呢？想想什么样的事会让你的心情变好，毫无后顾之忧呢？虽然发散性思维会让你陷入多虑的情绪中，但它也会帮助你幻想幸福到来的喜悦。想想一个人安排令人振奋的计划时，你是不是不自觉地就快乐起来了，还可能会对自己说："就只是想象，你就觉得那么快乐，为什么？"珂琳正在安排一个全家的度假计划。她上网浏览旅游信息、饭店网站等，看看有哪些古迹、历史文物值得全家参观。

所有的行程，她都安排得非常仔细，每个地点的挑选都是经过深思熟虑。我们可以想象她们全家的假期一定会玩得很愉快，毫无差错。但她的丈夫很惊讶地说："珂琳好像来过这里好几次了，没有一个地方是她不熟悉的。"没错，对珂琳来说，这次的假期将不会有任何新鲜事发生了。

很多"大脑多向思考者"常会有自言自语的习惯，这是为了遏止持续扩张的网状思考，不让自己迷失在多重思路当中。喃喃自语是为了减缓思绪的流动速度，放慢思考的确是可以帮助他们重新组织自己的构思。如果你有这样的习惯，请放心，你没疯！它是帮助你舒缓脑海中纷杂的思绪。当你自言自语时，记得看看周围是否有人会听到你的声音，或者你还可以想想还有什么方式让你放松！预先想好当你自言自语时，可以对你身旁的人说：“不好意思，我习惯一个人喃喃自语，希望不会打扰到你。”

时时陷入疑惑和问题当中

你应该记得方索瓦说，他在我办公室转角处的书报摊边，足足待了三分钟。仅仅这三分钟内，他的脑海中浮现了将近二十个问题。“大脑多向思考者”的发散性思维的确是一个专门制造疑问和产生问题的大脑工厂。

在与“大脑多向思考者”互动的过程中，我感觉到最辛苦的一件事，就是他们不停地提出成百上千个问题，还会要求对每个问题做精准正确的说明，我回答到心力交瘁了。但是我知道他们不是故意的，这是天性使然。

他们提出的问题的确是一针见血，而且会要求很清楚透彻的解释，使得我必须很精准地回答他们。他们的尖锐提问，其实是为了让自己有安心的感觉。回答的过程中，需要很有耐心地对他们提出辩证、举例说明，而且还要一再重复，详细解释我的理论。一旦有某个见解可能会成为可信的说法，此时“大脑多向思考者”会说暂停一会儿，然后再想想还有什么角度可以用来再度辩证该说法。他们常说：“对，你说的没错，但是……”因为“大脑多向思考者”担心会犯错误而且内心害怕被欺骗，所以会一再反复确认对方的说法。很多经验指出，当我与“大脑多向思考者”再次会谈时，他们会重复提出同样的问题：“你怎么知道我是一位大脑多向思考者呢？”如此一来，当“不信任”的海浪一来，先前共同搭建的心灵碉堡又归于一盘散沙了。

在某种程度上，“不信任”的态度是正面的。从绝对的观点来看，他们所要求的是信念而不是相信。在原子恒动的世界里，椅子的密度也是相对的。崭新的科学发现可以帮助我们再次审视当代科学中已被讨论过的重要论点。因此，如何能让我们成为一位心灵开放者呢？最重要的态度就是要欣然接受他人的质疑。我们还要感到欣慰的是，在这个世上还存在与众不同的灵魂，他们对于一些习以为常的事物，持续保持质疑的态度！“大脑多向思考者”不仅会质疑他人，也会自我批评。这样的行为表现出他们的灵活与谦逊的个性。因为右脑思考者可以接受另一种思考和表达。同时，提出疑问及确认信息，这些举止都是谨慎和成熟的行为表现。

但一切都要适可而止。如果产生过多的疑问与问题，你会不得不质疑这个世界上还有什么是真实的。若你发现在这个世界上，无一是真实的，你就要问自己这些是不是你幻想出来的想法。你本身存在于一个持续变化与不安全的世界中，因此，一切的变动都会让你产生疑问。然而你的质疑，在你的大脑中其实也有个人的偏好：我们为什么会存在于这个世界上？我们为什么会死亡？人生为什么有这么多的苦难和荒谬？

之所以时时会产生怀疑与问题，是因为“大脑多向思考者”的右脑的确需要复杂性的思绪启动思考。但有些问题的内涵是痛苦的、令人害怕的，而且有太多的疑问都是没办法解答的。

因为这个世界瞬息万变，“大脑多向思考者”会不时地质疑自己的思想与信仰价值。用质疑他人的态度来怀疑自己存在的意义，对于自我尊严产生疑问，容易形成真空的自我。也由于持续不断地不信任自己，容易让外来的力量瓦解他们自己的中心思想，受到别人的操控。

“大脑多向思考者”是活在现在、过去与未来间的个体

马丁刚刚看完一场歌剧。他独自一人站在公园里露天剧场的看台上，望着这古老的露天剧场说：“人类自从创造了第一个圆形的露天剧场后，已没有人能够再创造出更伟大的建筑物了。”

他认为人们长久以来便热爱戏剧，因为戏剧呈现出人类温柔善良的一面。他觉得自己仿佛回到了古希腊和古罗马时代，穿着长衫，坐在石阶上，与古人同坐在相同的星空下，焦急地等待着表演开场。今晚上演的是莫里哀（Molière）的戏，但是是以现代的表演手法呈现。主角还没上场呢！每当戏院里的人看着台上的人物哄堂大笑时，马丁就想到300年前也有一群人在此地看着相同的剧目捧腹大笑。他知道300年后，在相同的地点，也会有一群人坐在这个露天剧场里，看着

相同的剧目，开怀大笑。

像马丁这样的“大脑多向思考者”，他们的大脑常常穿梭于现在、过去与未来不同的时空中，不断往返。

这里有一封六年级的小男孩写给他父母的信，他描述在夏令营的时光：“啊！这儿多么好玩啊！我真的很想一直待在这里，不回家。我好希望永远不要忘记这段快乐的时光。如果我忘了，请上帝帮帮我，记起这一切美好的事物！”从这封信中，我们可以看出小男孩已经知道记忆会随着时间而淡忘。他写信时，预知了发生记忆遗忘这件事的可能性。再举另外一个例子。凡妮莎是个三岁的小女孩，她隔壁邻居是个六十多岁的老太太。她提到凡妮莎曾经对自己说：“婆婆，当我长大后，我的妈妈会变得跟你一样老。到那时候，你也不会在这个世界上了！”老太太听完应该心里很受伤吧！她巧妙地回答：“亲爱的小乖乖，你说得没错！”我们可以发现，这个小女孩已经理解岁月的流逝及人面对时间的脆弱与无奈。凡妮莎是个早熟的孩子。

孩子忧心忡忡地问道：“妈妈，你有一天会离开我吗？”妈妈试着安抚小孩说：“当我老了的时候，才有可能！”然而“大脑多向思考”的孩子知道生命是脆弱的，每个人都有可能在任何时刻死亡。对他们而言，这焦虑是时时存在的，无法用简单的话搪塞，因为他们的双眼会读出你的不确定感。

“大脑多向思考者”的发散性思考模式，使得他们会探索每个事件的可能选项，加上他们的思绪常穿梭在过去与未来之间，因此他们所做的决定通常会是谨慎、明智的。“大脑多向思考者”在采取行动前，会分析所有选项的可能性，考虑到过去的经验教训及未来潜在的影响。在他们的认知中，个人是属于一个更大的宇宙系统，他们清楚地知道不能独自一人做决策，同时须考量到所有可能发生的负面影响。通常他们的决定会以生态为首要的考量，同时也会满足人类的社会制度，例如家庭或朋友关系，还有考虑到长期、中期及短期的风险。若有些选项会涉及倒闭风险或可能导致最坏的结果，“大脑多向思考者”将不会考虑这些选项。我们回头想想可怜的卡珊德拉的故事：由于她个人未经思考的婚约决定，导致后来无法避免的屠城事件。虽然大多数人可能没想到那么远，因为我们一旦从事某个行动，绝不后退，也不会对未来有过多的预测。就如我们看动作片时，那些“鲁莽勇夫”的英雄们总是奋不顾身、勇往直前，但此刻电影院的观众早已看到迎面而来的危险，正为“英雄”捏把汗。你可以说“大脑多向思考者”扮演的正是观众的角色。

电视上晚间八点新闻正报道：“人们若长期戴耳机，聆听震耳欲聋的音乐，将会增加耳聋的风险。”画面上一位年轻女孩正戴着耳机，接受采访，说道：“哦！知道啊。可是如果一个人时时想到自己的行为可能带来的后果，那我们什么都不用做了！”另一位正看着电视画面的“用右脑思考的年轻人”惊呼：“怎么能够不去时时反省我们的行为举止呢？”

请“大脑多向思考者”记得我们正活在当下。一旦结束大脑的探险漫游后，请将生活的重点置于当下，一些非当下的事件，请以后再去思索吧！你是一个懂得欣赏艺术美感的人，耳朵拥有敏锐的听力，能够欣赏美妙的乐章；你的味觉灵敏，懂得品尝美食与体验香氛。因此，请善用你灵敏的五官，好好享受现在的生活。放松自己，深呼吸，因为你正活在此时此刻！

大脑如不停地转动的磨房

“大脑多向思考者”连自己都不知道他们自己的大脑如同一座磨房，无时无刻转动不歇。有时我在路上看到一辆很棒的自行车……可是突然间我觉得那个景象好像不太对：那位骑自行车的人好像是被迫地努力往上爬坡。这个景象可以比喻说明“大脑多向思考者”的思想并非如行云流水般顺畅，如果他们不知如何善用发散性思考，如何说明他们流畅的思绪呢？就有如一只仓鼠在转轮上不停地跑，乐此不疲，沉醉其中。仓鼠的敏捷性和速度感，也让我着迷不已。

我想磨房这个比喻说明很适用于“大脑多向思考者”的大脑转动的情形。他们的大脑就像石磨，来回不停地转动，时时研磨麦子或稻谷。他们的大脑一直处于不停地转动的状态。如果脑海中所研磨的是好的五谷，那么你将会感到幸福。因为你总是不停地想完成脑海中安排的计划目标、学习的内容和未来的挑战。你也很清楚地知道自己是个充满好奇心、热爱学习的人。“大脑多向思考者”的大脑总是喜欢储存许多新的知识。你最开心的事莫过于你的眼前有数个挑战正等着你。请不要忘记你的优点！

吉莱突然了解到什么是“挫折”的感觉，她吸了一口气说道：“我很早以前就想学英语，可是我身边的朋友都告诉我说，在我这个年龄学英语有点晚了，而且也用不到！所以我就没去报名上课。但是你知道吗？我家旁边就有个 MJC，⑬里面就有安排英语课程。”当我们的谈话结束后，吉莱决定报名学习英语。吉莱的选择是正确的，因为当石磨空转时，空虚无聊便会实时入侵，你的心情很快便会抑郁不振。我们常听到很多“大脑多向思考”的孩子说道：“在学校上课真的很无聊，我什么也学不到。”这是因为他们的大脑石磨中缺乏许多不同的谷粒转动，因此觉得课堂的学习很无趣。有的孩子甚至会很沮丧。

⑬ MJC（maison des jeunes et de la culture），青少年文化中心。法国每个社区会设立青少年文化中心，中心里提供许多不同的活动与课程。——译者注

我相信许多长期忧郁患者的病因，是只喂养他们的大脑白日梦，而且让它不停地空转。

我们也可以使用“智能厌食症”或“智能营养不良”等术语来说明“大脑多向思考者”的大脑缺乏精神食粮的情形。最好的方式是让“大脑多向思考者”一直保持忙碌，觉得自己很有用，不时学习新的知识。这样一来，他们可以提供良好的精神食粮让石磨大脑转动，这样才不会陷入低潮忧郁中。

最后要说的是，当我们拥有一座超强生产力的磨房时，请注意不要让任何人把沙粒投入我们的石磨大脑中，否则会造成不正常的运作。可能有的“大脑多向思考者”会转变成为自恋者，有的会变成精神障碍者。通常来说，“大脑多向思考者”是勇敢而且有效率的人，能够面对困难及复杂的情况，他们从来没有遇到面对一个问题而找不到好的解决之道的情形。但是如果他们遇到恶劣的操纵者，以欺骗、谎言、自相矛盾或瞎搞的方式，扭曲篡改该问题或事件的内容，这群人则会被利用。因为他们天生相信人性本善，无法想象会有谎言、恶意的存在。他们日子过得越顺利，就越不能理解世上有坏人这件事。因此，“大脑多向思考者”若在被过度伤害的情况下，可能会转变为疯狂的人。

(7)

妙不可言又反复无常的记忆力

关于“大脑多向思考者”的记忆力，他们各有不同的想法。有时候，他们觉得自己的记忆力好到令人难以相信；但有时候，又觉得有“一问三不知”的空白感。

“大脑多向思考者”可以记得很多事物，例如对话的场景、衣服的细节、好几年前无关紧要的谈话内容等。可是一旦要“大脑多向思考者”记忆一些重要但索然无味的数据时，他们的大脑立即不听使唤。没错，你无法让反叛的大脑记住平淡无奇的资料！那么，“大脑多向思考者”的存储器是如何运作的呢？

如果现场的情况是风平浪静，大脑会自动接收信息，然后分类并储存。这些资料会存放在方便取用的地方。一旦有需要时，大脑自然会浮现这些记忆，有时候也会产生树枝状发散的联想能力。例如说：刚刚我们谈到苏菲阿姨吗？“大脑多向思考者”会立即到有关于苏菲阿姨的资料夹里取出所有的信息——苏菲阿姨在她女儿婚礼上所穿的晚礼服，或者苏菲阿姨曾说过的无关紧要的事，还说出她的近况等。“大脑多向思考者”会自然而然地说出一堆事，对他们来说这一点儿都不难。可是，如果你要他们说出一些具体的事件，他们又会忘了。如果你特别施压于他们，他们的记忆力便会卡住，说不出话来。

当我们谈到“大脑多向思考者”的学习与记忆时，一如既往都是以他们的“心”为重点。如果他们觉得这个科目有趣、好玩，就会学得轻松愉快，毫不费力地记住所学的内容！还有，如果他们发现老师教学认真、热情友善，自然就会放松地学习！一旦他们发现学习是件有趣的事，那么信息将被自动储存，不费吹灰之力。

若“大脑多向思考者”不喜欢某个学科，则是因为他们觉得该课程内容不实用或是老师冷漠无趣、不友善，他们的学习力自然会下降。有时家长或教师会用说理的方式，对他们说明该科目的重要性。这样的方式对“大脑多向思考者”来说，是不会达到效果的。如何重新燃起他们的兴趣？学习时，要赋予该学科另一种意义，告诉自己说这个科目应该会有用或应该会很有趣，找到一个理由说服自己。

很多“用右脑思考”的高中生，觉得高中毕业考的科目内容荒谬而且脱离现实生活。他们认为会考这件事本身缺乏意义。如何帮助他们找回会考的意义？一方面，身为家长或教育者的我们需要告诉学生们实际生活与课程内容间的相互关系，赋予“学习”新的意义。或者我们也可以告诉这些“大脑多向思考”的高中生们，请把高中毕业考试当作计算机游戏，因为他们不会在过关斩将的过程中，质疑找一把宝剑、戒指或灵药仙丹等东西之间相关的意义。对他们来说，最重要的事情是得分，才能到达另一个境界。因此，学业就像玩计算机游戏一样。如果你不喜欢这个科目，还是可以认真学习，只是为了将来可以做不同的事，现在要做的事就是须取得必要的分数。因此，高中毕业考试只是一个关卡而已，一个迈向我们期待的生活的关卡。每个科目通关成功，才能算大功告成。我们当然希望可以更改某些学科，但如今的关卡就是这些科目，我们得闯关成功才行。

最后，“右脑思考者”的大脑喜欢接受挑战。因此，如今枯燥无趣的学习方式，本身便是一种挑战，这样或许会激起他们的学习兴趣。

如果你想刻意地储存某些记忆，你就得自己创建相关的影像画面、格言用语或联想群体，可以让你与其他的信息相互连结，如图片、故事、好笑的特征或顺口溜等。举例来说，我们想记起一个人的名字，可以与他的外表情形连结，特别胖的人叫作“小胖”；法语的“cheminée”是壁炉、烟囱之意，英语的烟囱叫“chimney”，其发音类似中文的“清理”，英、法语是同一个字源，可以使用“烟囱、壁炉脏了需要清理”的联想方式把三个语言连结起来。找到联想的方式来记忆学习，我们称为符号记忆法。最后，要帮助你的大脑集中注意力，不要让它忽然产生“暂时脱离”的现象。你的大脑需要同时处理多项事物加上大量复杂性的资料，这样才能启动你的学习机制。举例而言，身体动一动是为了学习走路，播放音乐可以帮助你集中注意力。“大脑多向思考”的儿童从小便有这样的能力，能同时处理多项工作。但这样的行为也会让他们的父母感到困惑：我的孩子在做功课时，会同时看电视或上网聊天，有时还会听音乐等。更小的时候，这些使用右脑的儿童可能会在床上一边翻跟斗，一边读书呢！一心多用，对于“大脑多向思考者”而言，是非常有效的学习方式。如果你是右脑使用者的父母，请别太担心。

“大脑多向思考者”寻找到记忆（已储存的信息）的方法既简单又复杂。简单的是，你的大脑中已经有这些资料的存在，你只需自然地取出而已。要注意的是你不能对自己储存的记忆感到丝毫的怀疑，而且请不要再重新检查一次自己的记忆。若你这样做，你会对自己的记忆产生疑问。这里有个例子来说明“大脑多向思考者”的记忆：电视上有种问答游戏的节目，当主持人问完题目后，如果参加的来宾知道答案，会毫不犹疑地立即说出，请按照这样的方式来发挥你的记忆力。我相信有时题目还没问完，你就已经知道答案了！

越怀疑你的记忆，你就越犹豫说出口，越会自我抑制。当你怀疑自己的答案时，你就会开始寻找有其他可能性的答案，但你就是找不着其他的答案。然后你就会回答：“我不知道。”奇怪的是，其实答案早已自然地浮现在你的脑海中。我知道你想给百分之百正确的答案，但有时若只有90%的确定性，请你也说出来。我想要说明的是“大脑多向思考者”的确有超强的记忆力，请不要怀疑你的第一个直觉。

“大脑多向思考者”虽然拥有一个高速自动导航的大脑，但本身却缺乏毅力与耐力。尽管我们都知道“没有人是完美的”，但他们需要投入更多的时间与精力在培养耐心与毅力上，以帮助他们学习。

“大脑多向思考者”的睡眠质量

无论白天或夜晚，“大脑多向思考者”的大脑是无时无刻处于沸腾滚动当中，如同前面我们所提到的关于磨房的比喻。很多“大脑多向思考者”在睡觉时，经常做复杂的梦或噩梦，容易被惊醒，精神焦躁不安。这些梦境对他们来说，都很真实，所以他们会觉得整个晚上都没睡好，一直处于浅眠状态。他们的大脑就像一台待机的电视机，只要有丝毫的动静，立刻被惊醒。若“大脑多向思考者”没有患上慢性失眠的病症，其实以上描述的浅眠状态并不是很严重的事。通常他们只需要休息很短的时间，便可拥有异于常人、难以置信的精力。

他们当中还有人会很不情愿地上床休息，认为睡觉是种浪费时间的行为。我建议，白天时“大脑多向思考者”可以午睡片刻，以补充夜晚失眠的情况。

让·马克是名记者。他告诉我：“其实我已经失眠好几年了。从报社辞职后，我待在家里工作。整个晚上，我会写书、看书或是整理文件，尽量找到事做来帮助我入睡。有时候，我会一整夜没睡，直到我太太起床做早餐。我觉得松弛疗法与艾瑞克森（Éricson）的催眠术可以帮助我找回睡意。关于睡得好这件事，我让自己入睡的方法是：当我有睡意，大脑却仍全速运转时，我会下个自动睡眠模式指令给大脑：'大脑，你想继续转动。好！没问题，帮我找找下一篇文章的写作主题！'想着想着，磨房的涡轮发出了呼噜呼噜声，我也进入梦乡。此外，我会在床头摆上记事本和一支笔。一觉醒来，我便可以尽快将我梦中的想法记下来！"

缺乏血清素

睡眠不足的确会影响日常生活的作息，无论身体或心理方面。有时候，有的人还会患上抑郁症。"大脑多向思考者"经常遇到的问题，即是个人情绪紊乱、食欲不佳以及睡眠质量不好。

产生以上身心灵紊乱的原因，与个人的血清素不足有关。因为血清素是一种氨基酸衍生物，直接影响到人体的睡眠质量。血清素在神经系统中扮演神经介质的重要角色，调节个人的情绪、情感、睡眠、性生活及饮食习惯等活动。当一个人可能产生抑郁症、强迫症、暴食症或失眠的症状时，都应与血清素的调节系统产生故障有关。

我们可以通过下列方法，增加血清素的浓度，帮助你找回平静的情绪、舒适的睡眠，并有效地控制食欲。

· **蛋白质**：提高血清素浓度的首要方法，应多食用以下富含蛋白质的食物：家禽类、鱼类、奶制品、豆类、坚果等。摄取足够的蛋白质可以帮助你提高血清素浓度。切记饮食正常，避免暴饮暴食。当血清素浓度降低时，你的身体会想吃点含糖的食物，如果你喜欢吃甜食，请勿过量。

· **多运动**：当我们运动时，中枢神经系统会释放大量的血清素，其浓度因此增加。可想而知，好心情的良师益友即是多运动。许多“大脑多向思考者”也同意大量的运动会帮自己恢复心情，不然整个人会变得抑郁消沉。

· **安排计划**：多巴胺，也可称为“制造新鲜感与兴奋感”的激素。多巴胺可以帮助血清素的合成。如果“大脑多向思考者”一直孕育新的计划、设立目标，会有效地帮助自己对抗忧郁和苦闷。但也别忘了“压力”是血清素的敌人，不要让计划过多，反而让你感受到压力，导致无法休息，时时处于紧张的状态。

· **放轻松**：大脑杏仁核的高度敏感是“大脑多向思考者”的特有现象，所以常会处于紧张、有压力的状态。最重要的是要学习放轻松，管理你的压力。建议可以采用：放松疗法、催眠、瑜伽或冥想等活动。同时，这些活动也可以帮助你改善睡眠质量。

另外，非洲有一种植物叫作加纳（griffonia），可有效地提高血清素的浓度。该植物可改善人的情绪与睡眠质量，使你远离药物的治疗，例如安眠药或抗抑郁药。

最后要说明的是，以上我所提出的建议，都是基于帮助“大脑多向思考者”能找回良好的心情与拥有舒适的睡眠，但并非所有的方法都经过科学的验证。还需说明的是，有些人因为遗传的因素，因而缺乏血清素，他们终身须一直食用抗抑郁药物。此外，有的人会因为其他相关缺陷或病症的缘故，缺乏血清素。因此，当你采取以上步骤时，请咨询医生。

“大脑多向思考者”拥有敏锐的感受，过于情绪化，加上发散性与反复不定的思考，都会给其日常生活带来不便。我们也建议使用顺势疗法（homeopathy），可以帮助右脑思考者减轻焦虑感及防止抑郁症；同时也可以减少身体、精神的疲劳并舒缓压力。如果传统典型的医疗方式对你来说过于复杂，也许你可以考虑顺势疗法，帮助了解你现在的身心状态。

不同情形的“大脑多向思考者”

脑力过度开发的困扰者

保护高度脑力开发造成困扰者协会，根据法国 1901 年颁布的协会法，成立于 2003 年。该协会的宗旨是帮助“大脑多向思考”类型的人适应当今社会。他们发现由于“大脑多向思考者”的心智过度开发（俗称“天才”），因而产生个人心理或身体上的苦痛，有的还可能造成身心障碍。若“大脑多向思考者”无法了解到自己身心所承受的问题，便无法理解他们生命中常遇到的苦难，例如五官接收过多周围生活所带来的刺激信息、容易缺乏自尊心、常陷入忧郁或是受到他人利用等状况。我引用保护高度脑力开发造成困扰者协会临床经验的结论：“由于高度脑力开发者长期处于反复的思绪状态中，造成当事者有难以融入社会的情形。本协会旨在协助已成年的高度脑力开发者重新整合自己的思绪，融入社会组织并欣然接受自我的存在。虽然当中有许多人在工作上遭受阻碍，我们可以帮助他们减少忧郁、沮丧的现象并控制自己漫游的思绪，希望有一天可以克服这些障碍。”

一旦“大脑多向思考者”知道自己承受何种痛苦，便得以理解整个世界。与此同时，该协会也希望消弭大众对“大脑多向思考者”的负面印象。不建议再使用“优越”“天才”等字眼来给“大脑多向思考者”贴标签。该协会希望大家可以了解这种不同大脑思考方式的差异和痛苦。该协会非常有心，不但敞开大门欢迎所有“头脑发热”的人加入，同时也提供“给你发热的头脑降温”手册帮助有需要的人，不时举办“相互支持，心情分享会”等活动。

“脑力过度开发的困扰者”这个名词很有趣，并非是指那些“天才”，而是指凡有“一颗过度燃烧的大脑的人”，这些人表现出来的特征，会有以下情形：

· **拥有灵敏的五官**：外在环境过于刺激，例如光线太亮、噪声太大或化学合成香水味道太强烈等，都会造成他们日常生活的不适。

· **思绪堵塞**：由于这些人大脑中的信息既多又繁杂，无法于当下实时处理所有的信息，并进行优先级排序和轻重缓急的表述。

· **说话很大声或有口吃**：说话大声，是因为他们要抓住大脑的快速思绪，这样才能稳定自己的情绪。说话有口吃现象，是因为他们大脑的思绪突然中断。

· **高度情绪化**：当争执时，有些人会出现脸红脖子粗的现象。还有的人，像林黛玉一样，会平白无故地哭起来。

· 永远无法满足个人好奇心的人或者很挑剔的人。

· 特别好动的人、喜欢一心多用的人、有偏执表现的人、自闭症以及喜欢当别人的情绪海绵的人、具有高度同理心的人。

· 亚斯伯格症患者。

亚斯伯格症：特殊的“大脑多向思考者”

金·匹克（Kim Peek），患有亚斯伯格症，于 2009 年 12 月 19 日因心肌梗塞过世，享年 58 岁。巴瑞·莱文森（Barry Levinson）受到金·匹克（该电影中主角雷蒙德·巴比特的原型）的启发，因而执导了《雨人》这部电影。该片使得一般大众了解过度自闭症的人可能会有的情形，这些人也被称为“亚斯伯格症患者”。然而，并非所有的亚斯伯格症患者都像《雨人》的主角一般，如此地特别。该影片只是让大家认识到患有亚斯伯格症的人，他们身上会有些光怪陆离的事情发生。

事实上，患有亚斯伯格症的人往往有相当高的智慧和一颗善良的心。

亚斯伯格症的典型特征

1944 年，维也纳儿科专家汉斯·亚斯伯格（Hans Asperger）发现有一群儿童拥有不同的特征情形。这群孩子会有异常的激动现象，对于某些事物特别偏执：例如水塔、电池、电车等。他们对于有兴趣的事物特别认真而且很激动，还拥有记忆数字的独特能力，因此造就这群人之后会拥有该项专业技术，并可能在该领域成为学者、专家。值得注意的是，有的患有亚斯伯格症的小孩在年纪很小时，便拥有某领域的专业能力。他们的热情相当惊人。举例来说，大卫从五岁起，特别想知道所有关于拿破仑的故事以及他打过的仗等；莉娅从四岁起，便对人体的骨骼特别着迷，她可以说出人体骨骼的大部分学名，甚至如股四头肌、膝盖后方膝窝处（膕窝）等冷门的学名，她还了解鸟类、小鸡等动物的骨架。患有亚斯伯格症的小孩的热情，从头到尾未曾改变过，长大之后，他们会以强烈的热情把自己年少时的兴趣爱好作为职业。除了对于某些事物有特别的热情外，患有亚斯伯格症的小孩还拥有特别的语言能力，会使用困难的词汇和复杂的语法，有时候还会说话过于八股。但是亚斯伯格症患者会有的问题是，无法融入人群当中与同辈相处。另外，患有亚斯伯格症的小孩虽然拥有特殊的记忆力和学习力，但却无法集中注意力，常处于高度焦虑的状态中。有的亚斯伯格症患者会常常重复日常生活的步骤，逐渐成为强迫症患者。

通常，这些孩子的脸部表情会非常特别，与人四目交接时，可能出现逃避他人的眼神或死盯着对方看。他们走路的姿态及四肢动作也有不协调的情况，看起来傻里傻气。亚斯伯格症患者对于某些事物会特别敏感，对声音、味道、香料或触摸某种材质的布料，他们表达感受的方式也会不同，因此管理自我情绪的方式也异于常人。

患有亚斯伯格症的小孩时时处于焦虑的状态下。突然间，一个不相关的事件触发他，可能会造成一场情绪风暴的来临。有时候，我们预期某个突发事件会触发这个孩子的情绪，但他可能只是冷漠地看待该事件或整个人处于“暂时脱离”的状态中。

亚斯伯格症通常会发生在男孩身上，男女比例大约是八比一。女孩患亚斯伯格症的比例较低的原因之一是，女孩们有兴趣的事物比较不令人奇怪，例如她们会比较喜欢小马或芭比娃娃，所以我们不易察觉她们是否患有亚斯伯格症。另外，女性的焦虑感会比男性低。有些心理学家提出一个假说，所谓的高度敏感的男性大脑，是强调于“系统化”的能力；而就女性来说，则倾向于“感同身受”的能力。

为了适应这个社会，他们竭尽己力

有的人认为所谓的自闭症，就是当事人无法与外界沟通，无法与人交谈。

我认为以上见解是大错特错。有这种想法的人既不了解他人又不理解整个现实世界。患有自闭症的人无法与外界沟通，这样的疾病其实是缘自当事人的遗传基因造成的大脑功能失调。

经过多年来与许多“大脑多向思考者”讨论他们身心的发展状况，我会用不同的角度来解读他们。举例来说，患有自闭症的人不与别人互动的原因是为了“保护自己”。当他们超敏锐的五官接收过多外来的信息（刺激）以及过多他人强烈的情绪时，自己会承受不住，产生激烈或自闭的行为。吉尔·泰勒描述到，当她大脑中风的那段时间，感觉自己每天都过得像亚斯伯格症患者。她坦言有时候会想与某些人隔绝，那是因为她感受到这些人紧张激动的情绪，压力掏空了他们的能量。亚斯伯格症患者大多是属于右脑主导的人吗？值得一提的是，这些患有自闭症的人，其实是非常正直、诚实而且遵守规则的人。对于细节，他们拥有异常敏锐的观察力与特殊的记忆力。从小时候开始，亚斯伯格症患者常因为直率的应答，被批评是个直言、无礼的人。那是因为他们拥有强烈、清楚的逻辑力，他们的回答事实上都结合了客观的事实与真诚的言语。

“妈妈，为什么你要叫我对隔壁的邻居好一点儿呢？可是你昨天跟爸爸说我们的邻居是个长舌妇呢！”我们可以理解这个孩子的坦率、真诚反映了不和善的邻里关系。由于孩子直率的逻辑思考，大人们万万没想到会收到这样严厉谴责的压力。

由于患有亚斯伯格症的小孩试着想要去了解这个世界，但他们无能为力，因而大量地承受外在的种种压力，结果是感到非常疲惫，最后，只能把自己关在宁静、丰富的内心世界中。你认为患有自闭症的人都只是沮丧的表现吗？

我们常会批评亚斯伯格症患者不懂得去解读他人的表情或语调，不会猜测他人的心思，不了解他人当下的情绪等。然而，对于亚斯伯格症患者而言，“同情心”是不成熟的行为，这是因为他们无法分辨善意行为与表达关怀他人的不同情绪，也无法区别存心有意的事件及突发意外的事件，更无法分辨对方的行为是属于善意还是恶意。记得我曾提过，许多“大脑多向思考者”无法察觉出心存不良的人。根据他们的逻辑，“不怀好意”是一点儿都不具有生产力的行为。讽刺嘲弄的话会深深地伤害亚斯伯格症患者并且会激怒他们。因此，很多有智慧又诚实的亚斯伯格症患者很难理解言不由衷的表现，并且无法适应大多数人既不合逻辑又不诚实的矛盾人际关系。最后我们想要问，这个世界上到底谁是不正常的人？是那些所谓愤世嫉俗、无法接受非逻辑验证、不说谎的亚斯伯格症患者，还是那些拥有“差不多”的价值观与“粗略推理”逻辑思考的一般大众呢？

一旦患有亚斯伯格症的孩子知道自己与其他人不同，他们会对所有事物采取一种自我批评的态度，逐渐走向忧郁。最后，他们会逃进想象的世界中。当面对同学的欺侮与嘲弄时，他们便会将自己闭锁在否定与傲慢当中。

有时，患有亚斯伯格症的孩子会尝试模仿其他的孩子。因为他们拥有绝佳的记忆力，还有观察细节的特别能力，有的人还可能成为唱作俱佳的模仿天才。他们模仿别人，有可能换来别的孩子的同情心。但总归来说，患有亚斯伯格症的孩子对于人际关系，感到非常的疲惫而且时时忧心忡忡。这也可以解释为什么患有亚斯伯格症的孩子非常需要一个人独处，他们才能自我充电，找回自己的平静。所以，某些患有亚斯伯格症的成年人，后来会选择离群索居的状态，但他们的亲友们都无法理解这样的行为。

当我们专注于描述亚斯伯格症患者的特质时，是否他们也需要接受诊疗呢？是的，对我来说，这是有必要的。我之所以详述亚斯伯格症患者所遭受的苦痛，是因为如今社会上的大众对这群人所知甚少，尤其在法国。我们了解亚斯伯格症的典型特征后，可以帮助他们提前准备如何适应社会，并且消除“成为精神患者”的恐惧感。医疗诊断还可以给他们提供治疗与教育机会，让亚斯伯格症患者了解实际生活中会面对的困难以及亲友对他们的支持。不但需要周围亲友对他们的肯定与接受，而且也要诚实地告知他们接受现在的自我。对于社会价值观的模糊，使得亚斯伯格症患者无法理解现况，从而很辛苦地适应这个社会上的人际关系。再次说明，亲友们要了解亚斯伯格症患者的困难，同时也需要尊重他们独处的必要性。

此外，当事人被诊断为亚斯伯格症患者后，也会给他们的家人（尤其是配偶）带来正向积极的改变。因为亲友理解亚斯伯格症患者的困难，知道要积极鼓励并称赞当事人，而不是给予“无法适应社会”的负面评价。最后，当事人若知道自己是亚斯伯格症患者后，便能更了解自己，重新认同自己的身份，也可在同辈中认同自己。通常来说，同样的亚斯伯格症患者，可以清楚地了解彼此的行为模式，尤其当他们有共同的兴趣、话题时，相处会更融洽。

利亚娜·霍利迪·维利（Liane Holliday Willey）提出下列的鼓励短语来帮助亚斯伯格症患者，期望他们接受原本的自己并继续向人生目标前进。我认为她的建议也适用于每个“大脑多向思考者”。我希望可以将下列“鼓励小语”放在你们经常看得到的地方，如办公桌上，不时阅读提醒自己。

鼓励自信小语（利亚娜·霍利迪·维利，2001年）：

我不是有缺陷的人，我只是与众不同。

我不会为了讨好他人而牺牲我个人的尊严。

我是个很棒的人，而且还富有幽默感。

我对自己感到骄傲。

我能立足于社会。

当有需要的时候，我会寻求帮助。

我值得受到别人的尊重和接纳。

总有一天，我会找到适合我的能力与兴趣的职业。

当他人需要时间理解我时，我会耐心等待。

我认同我自己。

我接受我原本的情形。

总是想太多的大脑和IQ有关吗

“大脑多向思考者”迟早都会对自己提出这样的问题：

所谓的“脑力过度开发”是真的拥有高智商的大脑吗？难道我们

不用经过IQ智商测试？

如何了解“大脑多向思考者”的智力？我个人认为没有必要，也不需要通过IQ智商测试。自1912年以来，有了IQ智商测试后，这个测试也同时产生了许多争议性的问题。有许多本著作也讨论IQ智商测试本身缺乏意义的关联性。

刚开始，这些“大脑多向思考者”会被认为是有学习障碍的儿童，需要他人的协助。当我们不考虑孩子的宗教或人种时，而是就适应如今的教学环境而言，这些孩子的确会被认为是低智商，需要他人的协助。但这种想法会让我们思考到一个严重的伦理问题。就是说当我们想要衡量某人智力的程度时，其真正原因并非来自人道伦理的精神，而是想确认人类中存在种族优劣的这种偏见想法，或是想要制造资产阶级管理无产阶级的制度，还有就是证明智障基因是否会遗传给后代……当人们尝试去创造人工的“天才型的精子”，并找到所谓“聪明绝顶”的女性授孕，目的是消除（排除）那些所谓“不合格”的人。

然而就严谨的科学而言，IQ智商测试有其绝对性的主观。“IQ智商”这个学术名词是指将相同年龄的人聚在一起，测试其心智年龄。IQ智商测试分为两大部分：言语智商和表现智商；每部分又分为七个子部分，测试其认知能力、记忆能力及一般知识的能力。智商测试的题目通常模糊而且无聊，没有太大意义。通常其“正确”答案是单一而且完全不将“创造力的思考”列入其中。米歇尔·托尔（Michel Tort）[14]说道，所谓的IQ智商测试都是“学校课堂练习的翻版”。另外，IQ智商测试也未将社会形态及当事人文化背景的变因考虑其中。没错，若是将相同社会经验背景的人来做IQ测试，的确可以看出其中的关联性。通过以上的叙述，也了解到一个事实：这样的IQ测试仅测量在特权阶级中的常态智力活动，而非于一般阶级。尤其IQ智商测试中的“言语智商”的测试更不适用于社会地位较低的一群人。最后，加上学校的制度特性——考试和竞争，都较适合于精英家庭中出生的孩子，因为平时已多次演练此种形式的考试。那么，我们想要问IQ测试到底在测试什么？

当然，我们也不否认会有一些特权的社会阶级，他们执行某些专业的脑力工作。但这一切都是人造就出来的：IQ智商测试的结果，故意设计智商平均值为数值一百，在钟形状的顶端，同时也称为“钟形曲线”的平均对称分布。

由下图中的钟形曲线，我们可看出：

世界上有95.44%的人，其智商是落在数值70到130之间；

世界上有2.14%的人，其智商落在数值130到145之间；

⑭ 引自 *Le quotient intellectuel*（《智商》），François Maspero 出版社出版。——译者注

世界上有2.14%的人，其智商落在数值55到70之间。

你不觉得这个世界拥有“天才”与“蠢才”的人数竟然一模一样，这也算是一个超伟大的平衡分布！

若要其智商测试的结果如钟形（高斯）曲线的平均分布，其实道理非常简单，只要按照以下方法操作就行：将智商测试问题中，一小部分的问题设计成很难，只有少数人可以答对；然后设计一小部分非常简单的问题可以让智力迟缓的人答对，但这些人会无法回答中间大多数人都能回答的问题。

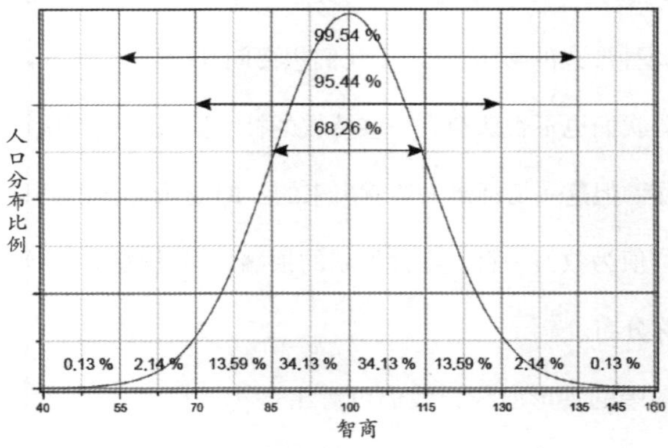

钟形（高斯）曲线和智商测量值

由于IQ测试问题的设计，造就了完美的钟形（高斯）曲线平均和谐分布的结果。测试中，绝大多数人一定可以答对全部问题的四分之三，少数人只能答对四分之一的问题，另外少数人几乎可以全部答对。在设计IQ测试问题前，即预想只让95%的人口，落于数值70到130的区间，那么，请问有哪个区间是可以真正测量出智力的实际数值呢？

另外，我们如何定义“聪明”？是不是要当事人对于某件事有天分？这件事是指做研究，做音乐，还是做生意？那么我们“心”的智商又要如何测量呢？那EQ（情商）呢？试着想一想：一位智力高超但又冷酷自私的人，一位来自俭朴的家庭但为人既敏锐又具有智慧的母亲，请问哪位是“聪明人”？近年来，我们想要用这个IQ智商测试的想法，促使对“智力”两字做更精准的定义。1980年，罗伯特·斯腾伯格将“智力”分为三个部分：分析型智能、创造型智能与实践型智能。对他来说，一个人在以上三种智能当中，能有效地获取知识、善用他的长处并管理他的短处，将会往成功智慧之路前进。1983年，霍华德·加德纳又将“智力”分为八部分：语言智能、数学逻辑智能、音乐智能、体育智能、空间智能、人际关系智能、内省智能及观察大自然的智能。

所以，可以看出“智力”是一种微妙虚拟的概念，若还想要了解更多不同智能的区别，其实我们还可以划分得更细甚至到无限化。

当面对一些无法测量的信息时，左脑式思考的人，会想要分类并量化该信息。但这样量化及测量的方式并不适用于右脑思考者。他们不喜欢衡量及评断人、事、物，倾向多样性、丰富的思考。事实上，我们会发现这个社会上有许多名人与创意人士在校的成绩都很差，我想他们的IQ值也应该是位于中间吧！所谓的IQ智商测试都是由左脑思考者设计给用左脑思考的人的测试，当然不适合右脑思考者回答。因此我要说，若要右脑思考者测试左脑思考者所设计的智商测验，结果只会徒劳无功而且还非常危险。假如测试结果不理想，只会更加深右脑思考者本身的想法：我是傻瓜。一旦如此，右脑思考者自我贬抑的情形会变得更加严重，有时还会呈现亚斯伯格症的症状。要值得说明的是，IQ智商测试特别不适用于亚斯伯格症患者，他们测试的数值会非常不稳定，然而亚斯伯格症患者在某方面的智能是超强的。同时，也有“大脑多向思考者”通过IQ智商测试，但考试的结果并没有指出当事人特别敏锐的部分。若我们把智商测试的数值强加于这些“大脑多向思考者”及“亚斯伯格症患者”的身上，只会更污名化这群特别的人，因为他们并不属于体制内的思考模式。如此地不被了解，“大脑多向思考者”与“亚斯伯格症患者”只会觉得更加孤单无助。

最后，要谈到IQ智商测试的数值。测试结果的数值已被多次验证出其不确定性：相同的测试者在不同的时间测试智商时，其得到的数值竟然不相同。这样的结果显然非常有趣，说明了智力是一种动态而非静态的表现。以发散性思考为例，当它连结越多信息时，当事人便会无止尽地产生新的创意联想。无论“大脑多向思考者”所测验的IQ智商是多少，我相信他们是非常聪明的人，甚至比聪明人还要更聪明。我非常同意丹尼尔·塔米特（Daniel Tammet）的说法：“头脑的大小并不重要，重要的是你那伟大的灵魂。”

没错，你是与众不同的，由大脑右半球主导你的思考与行为。你的思维属于整体的、感性的，且有飞速运转的直觉。一般大众的思考方式是理性、连续排列并受到有形思考的限制。两种不同的思考方式代表两个不同的世界。我们常会因为彼此的思考模式不同，而批评对方的行为模式。以为大家都长得一样，所以思考模式也一样，其实事实并非如此。“大脑多向思考者”是来自另外一个星球的人。现在，让我们一起去探索你的世界。

Lesson 2

"想太多"是你比"一般人"更具优势的特质

Je pense trop

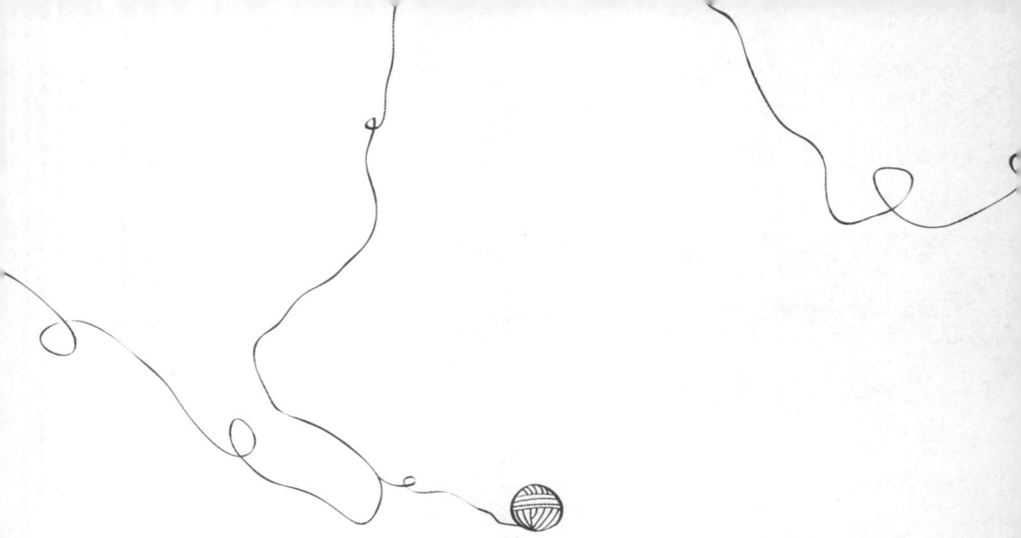

第1章 别人无法理解你

“大脑多向思考者”从小就觉得自己跟别人不一样，也不了解为何会如此，更不知道自己为何会有不舒服的感觉，因此自我渐渐形成真空的状态。“大脑多向思考者”不断思考如何能得到大家的认同，并得到他人对自己的正面观感。然而整天下来，“大脑多向思考者”与他人互动时一直受到挫折。

莉娅是个八岁的小女孩，在公园里的秋千上刚认识了她的新朋友。她们两人在公园里跑得喘不过气来。然后，莉娅停了下来，握着她自己的手腕，一边测量脉搏一边说道：“天啊！我的心跳得好快喔！”新认识的朋友笑着指着肚脐说：“啊！心脏可不是长在手上！是在这里啦！”莉娅感到很丢脸，因为她无法说出自己为何知道心跳脉搏的事情。对于“大脑多向思考者”来说，无论是何种年纪或性别，每天都会上演像莉娅一样的事件。无法与他人融洽相处，再加上无法解释自己本身就知道的事情，如此一来，他们如何能够培养自信心呢?

试想一下，当你知道世界上的折射光谱中含有红外线和紫外线时，对“一般人”来说，却只看得到一般日光的折射而已。

因此，当你与这些人沟通时，他们只能了解到你部分的观点，有时还会扭曲你的话，或只抓到部分的概念，他们不了解你。你提到美丽的红外线与紫外线会被其他人忽略。你所发现的美丽细节，不存在于别人眼中。“大脑多向思考者”经常发现自己会处于上述的状况下。由于双方认知不同，造成“大脑多向思考者”的人际互动无法如打乒乓球般往来顺畅。人际关系的困扰也解释了一部分“右脑思考者”自我真空的问题。当他们告诉“一般人”自己所看到的世界时，对方的回答竟是如此的片面与冷淡。由于“大脑多向思考者”独特的看法，周围的朋友也把他们视为古怪异常的人。

再用更简单的比喻来说明，你的思想广大如海洋，然而“一般人”的想法却如河流般窄长。就与“井蛙不可以语于海，夏虫不可以语于冰”的道理相同，这就是为什么大多数人无法理解你的思维方式。俗语说：“取决于你眼界的高低。”关于以上“一般人”与“大脑多向思考者”的差异说明，我想在逻辑上是说得通的。所以你可想而知，我每天跟这些“大脑多向思考者”斗智，是一件多么不容易的事!

以右脑主导思考的人会产生自我认同的问题：因为用右脑思考的人缺乏自我的概念与个人主义的想法。请试着使用肯定与确认的语气填完下列造句：

我的名字是……

我的工作是……（职业）

我的地址是……

我的电话号码是……

我喜欢的事情是……讨厌的事情是……

我判断别人的标准是……

左脑的功能是专门处理数据资料及排列先后次序。吉尔·泰勒在中风前是个左脑使用者。在左脑中风的那段时间，她觉得这些数据资料都不重要了，没有任何意义。然而右脑的感觉、情绪，对她来说却意义重大。

“大脑多向思考者”拒绝建立他们个人的自我意识。因为他们认为如果一个人一直想到自己，会显得我行我素，太过于个人主义。然而，拥有以上的想法却会导致相反的情况：我是把“自我”这个概念当作一个人。当“自我”缺乏喂养，饥肠辘辘时，他们会变得具有侵略性。一个吃饱喝足的“自我”是平和的、温馨的，愿意随时帮助他人。然而，“自我”只有在拥有“自尊”的条件下，才会表现得宁静、平和，与人为善。然而"大脑多向思考者"往往缺乏"自我"。

失去的自尊

"自尊"是主观衡量自我价值的方式。尊重"自我"会让你心情愉快，找到自己在社会上的立足点。同时，建立"自尊"也会帮助你完成生命中的计划目标。

个人拥有"自尊"，才能表现出自己最好的一面。"自尊"在引导个人的道德行为与维护个人身体健康方面，发挥着重要的作用。"自尊"如同我们的道德防御机制，可以让我们承受压力，或是在自信心受伤时，迅速帮助伤口愈合。

当人们缺乏"自尊"时，很容易产生许多心理疾病，举例来说，抑郁症、焦虑症、酗酒成瘾和产生强迫行为等。

当一个人有自卑感时，会陷入自我增强[1]承受痛苦的恶性循环当中。当事人会变得对自己非常着迷，但不是自恋的行为，自己本身才是问题的所在。对于自我的疑问成为他们不断折磨自己的一个问题。另外，由于个人的自卑感而无法达到设定的目标时，害怕失败的感觉及遭人拒绝的恐惧都会持续增加。这样的恐惧会使得当事人不停地自

① 认为行为后的结果才是影响采取行为的主因。人们采取了某种行为后，若立即有欣喜的结果或惩罚的效果出现，则此结果就变成控制行为的增强物。——译者注

我控制。一旦恐惧带来的压力持续不散，也会造成人际交往的困难。当事人会选择退缩，从而产生孤独感，觉得自己与他人不同，有低人一等的感觉。与人来往，渐渐地产生自我“假象”的感觉。由于恐惧和疲惫会加剧“假象”的情绪，进而造成不适宜的行为举止。当事人会变得具有攻击性，怀有恶意，贬低自我或吹捧自己，使自己从一个“小奸小恶的人”变为“十恶不赦的大坏蛋”。

所谓的恶性循环就是指当事人自我封闭不与外界接触，再加上自卑感作祟，因而会产生日渐激烈的封闭行为，以至于无法寻求外界的帮助，恢复到原来的自我。以上所述，是以客观的角度来说明当一个人失去自尊时，会产生偏差的行为。通常“大脑多向思考者”品尝到成功的果实时，总会归功于运气，而且会认为这一切的成果将稍纵即逝。一旦“大脑多向思考者”遇到挫折，他们一定会归咎于是个人的因素。他们极度渴望自己能被同辈认同并肯定他们的成功，然而却都徒劳无功。因此，“大脑多向思考者”的心理状态每况愈下，越来越恐惧失败，也时时担心会被他人拒绝。

我们自信心的建立与自尊的维持是来自以下两大途径：

首先是父母对“大脑多向思考”的小孩的接纳与认同，给予他们关爱、亲情、赞美、尊重及慰藉。随着孩子渐渐成长，他们会接触到更广大的社会环境，例如他们的同学、朋友、同事或邻居等，也都需要给他们正面的情感支持。

“大脑多向思考者”的进步：当我们所做的事情得到他人的赞同，肯定我们的成功经验，也就是对自己自信心的建立。

与“一般人”相比较，“大脑多向思考”的小孩在人生的起跑点，就已经是不平等的，因此，需要通过以上的两种方式，帮助他们建立自尊心。但有些父母过于溺爱“大脑多向思考”的孩子，会逐渐忘记使用正面的态度对待他们。因为父母总觉得“大脑多向思考”的孩子，实在是“太……”，所以家长会出现以下的行为来教育“大脑多向思考”的孩子。若孩子“太敏感、太情绪化”，有的父母会过度保护；如果这个孩子的神经过于脆弱，就会变得“太感性、很黏人”，总是躲在妈妈的后面；此外，孩子如果提出“太多的问题”，我们就会责怪他们傲慢无礼、咄咄逼人并要他们自我节制。

“大脑多向思考”的小孩从幼儿园开始，学校的老师常对家长抱怨，说这些孩子坐不住、上课不专心、不遵守上课秩序等。同学们也会渐渐不跟他们玩，嘲笑他们，还觉得他们的想法很奇怪。“大脑多向思考”的小孩在如此受挫的环境下，如何能建立“自尊心”呢？当我们愈责备他们时，他们就愈自卑，自信心也因此而摧毁。

谈到“大脑多向思考者”的进步成就，“成功”对他们来说并不容易。首先，整个社会对“大脑多向思考者”的态度并不友善。当今的社会中，我们喜欢指出他人的错误，却很少赞美他人的进步。人们喜欢批评胜过鼓励。然而“大脑多向思考者”最需要的稳定感，就是“鼓励赞美”。这来自他们不稳定的情绪，也不懂得社会潜规则，因此人们对他们的评语通常是易怒暴躁，也经常认为他们的行为举止是存心、故意的。举例来说，学校要求交作业时，他们的内容可能都是文不对题，所以他们便无法获得他人（老师或同学）的信赖和认同。值得一说的是，“大脑多向思考者”的长处，即是对于事物苛求尽善尽美，这一点可帮助他们达成个人的成就。另外，他们五官的高度敏锐，也会帮助他们确定每个事物尽量达到完美无瑕。然而，对于“大脑多向思考者”而言，世上没有任何成功的典范可供他们参考，因为他们认为在这世上，没有一件事是完美的，也因此很难满意自己的成就，更难相信有“成功”的存在。

晏是个七岁大的男孩，他想要画一匹马。拿起画板，他的心也像那画纸被画夹板揪住一样（我们可以想象如此！）。刚开始，他非常专注、认真，而且很有企图心地想要画匹好马。他渐渐地有点紧张，感觉心理压力很大，开始烦躁起来。突然间，他大发雷霆。他很难过自己把马儿的腿画坏了。对他来说，这是一个大灾难。顿时，晏撕掉画纸，大哭大吵将近两小时。无论说什么都无法让他静下来，即使我们说他画的马非常美丽、漂亮等。但是，他知道事实并非如我们所言。他的记忆就像照相机一样，早已拍摄下骏马的脚胫和脚踝。因此，他现在知道他无法画出他记忆中那俊壮的马腿。画坏的马腿开启了他人生一连串的失败。“大脑多向思考者”知道无论他们的成就得到了外界多少的肯定与赞美，都无法抹去他们脑海中有一小部分未达到尽善尽美的区块。就如米开朗琪罗认为他的“大卫”雕像非常不完美一样！

害怕被人拒绝和排挤

人是群居的动物，任何一个人都无法脱离群体而活。融入人群、与人沟通成为生存的优先选项。因为人类了解到遁世隐居，将只有死亡一条路。史前时代的实例也说明：一个孤独无依的人容易成为其他动物的猎物。至今仍然如此：人类不能离群索居而活。也许我们都有个印象，常有仙人隐士独居在深山洞穴之中，冥想生命的意义。

然而这样的印象是完全错误的。首先，事实证明，这些仙人隐士以自给自足的方式过活是很难实现的。另一方面来说，当他在洞穴中独自坐禅冥想时，也需要有一位帮他打理吃喝的人，让他坐禅高枕无忧。如果他每天都在打鱼捕猎，我想他也没时间坐禅沉思。因此，“被人排挤”的畏惧是来自人类的本能、动物的本能，这种恐惧的感觉并非经过思虑而产生。

从童年起，“大脑多向思考者”很快地感受到自己在群体生活中，会遭受排挤。“一般人”一旦受到对方的拒绝或排挤，都会立即调整个人的行为，期望自己可以很快地获得同辈的认可。但以上的修正行为，对于“大脑多向思考者”并不适用。他们很清楚地知道自己不正常，可是他们不明白他们错在哪里。他们遭受拒绝的缘故是因为他们的生理结构与“一般人”不同，因此“大脑多向思考者”会产生出被排挤与遗弃的恐惧感。到成年之后，“被遗弃”的恐惧仍会持续，因而在人际关系中，自己会选择委曲求全，顺从他人。尤其在友情与爱情的互动关系中，他们的朋友或伴侣常对“大脑多向思考者”颐指气使，傲慢无礼。

如果我和其他人一样……

请试着了解“大脑多向思考者”生活在这荒谬的社会中，会遇到多少无法解释的情况，而且还需要与不合逻辑的人群沟通，他们所要付出的大量努力，甚至会让他们累到精疲力尽。

因此，“大脑多向思考者”逐渐发展出一套适应社会的生存策略。有些成功的策略或多或少可以弥补他们与“一般人”的不同，帮助他们融入群体中。托尼·阿特伍德（Tony Attwood）是专门研究亚斯伯格症患者的专家，在他的相关著作中，详细列出亚斯伯格症患者为了融入群体社会，所发展出的适应机制。我认为这些机制也适用于其他“大脑多向思考者”作为参考。毕竟，“融入群体社会”是所有“大脑多向思考者”共同的梦想。

贬低自我的价值及陷入沮丧低潮

大家都听过“丑小鸭”的故事吧！“大脑多向思考者”就像活在一群鸭子里的那只天鹅，鸭子们不断地对丑小鸭说：“你的脖子好长、个头太大，翅膀也太大，还有你那叫声实在是不好听。”丑小鸭听了鸭子们的批评，竭尽所能地满足他们的期待，“大脑多向思考者”会将他们美丽细长的脖子藏在翅膀下；同时收起大翅膀，瑟缩在角落的一旁，从此隐藏起美丽的叫声。对于一般大众来说，“大脑多向思考者”真是一只好奇怪的丑小鸭啊！为了不与别人不同，“大脑多向思考者”学会将自己隐藏。与同辈交流时，尽可能地保持沉默或是内化武装自己，尽量避免受到批评与嘲笑，使得自己受伤。“大脑多向思考者”在儿童的阶段，便意识到自己有个严重的问题：他们的内在住着一个专制独裁的暴君，不让自己有喘气、歇息的机会。

我想你也可能认识这位心灵的独裁暴君。他日夜伴随着你，审查你的思想及评论你的行为。专制暴君会告诉你：对自己，应该想什么、做什么；对别人，要你仔细分析朋友间对话的字句及行为。对于现实世界的反思，要求你做非常主观的解释。暴君会让你浪费时间，用在回忆过去或担心未来的事件上面。还有，就一个单一事件的发生，他要你改写（思索）上百次的故事情节，然而这些故事版本都只是用以证明你没有能力而且是个不合群的人。暴君永远住在你的内心中，让你毫无喘息的机会。

“自我贬低”的想法会时时在“大脑多向思考者”的大脑中运作，同时也加深了个人的敏感性。因此，他们常有内疚感，认为自己完全无法适应于这现实世界而愈加沮丧。当他们发现自己可能无法成为鸭子时，会感到身心俱疲，产生忧郁的现象。可是一旦再重新振作找回勇气时，便再度拥有欢欣愉悦的感觉。我们会发现“大脑多向思考者”的情绪是处于极端波动的状态下，忽高忽低，因此人们又会把“极端矛盾”的标签贴在这些人的身上。然而，若沮丧与内疚感持续下去，便会造成潜在的抑郁症。“大脑多向思考者”的低潮是来自于他们的与众不同，因为他们不了解自己的另类，他们多希望自己可以跟“一般人”一样。因此，“大脑多向思考者”的抑郁症并不如“一般人”的抑郁症，即使沮丧，他们随时都有让自己重生、振奋的力量。

若“大脑多向思考者”同时遭受到社会的排挤与被他人持续霸凌的现象，他们选择自杀的风险性将会增高，这的确是令人震惊的事实。为了避免受到社会隔离、排挤及保护他们自己多刺的敏感，“大脑多向思考者”会发展出自我保护的方法。即使实在很想回到他们爱的人身边，但还是会选择离群索居的生活。这些孤独的日子，正是让他们充电、放松的时刻，但也有可能产生许多的焦躁感。

从现实逃脱到幻想里

谚语道：“人类最好是生活在自己的梦想当中，胜过梦想自己想过的生活。”然而这句话并非完全符合“大脑多向思考者”的现况。由于他们生活在这狭窄的现实世界中，几乎无法实现自己的梦想。因此，“梦想他们的人生”成为“大脑多向思考者”一个很有吸引力的想法。从上小学开始，“大脑多向思考”的孩子为了逃避无聊的课程或阴郁的一天，在课堂上会显得心猿意马，飘浮做梦。他们强大的想象力几乎可以让他们的幻想如同现实生活一般，再加上他们对现实世界感到失望或者受到同辈的欺凌，便从现实逃脱到梦幻里。所以，对他们来说，做美梦的确是比现实生活好过多了。我们可以想象得到这个虚拟的世界应该是非常细致繁复而且充满香气的，即使在细节的部分也是琳琅满目、目不暇接。梦幻的世界的确合于他们的价值观，在那里可以让他们安心地开发潜能，回到真正的自己。

丑小鸭的幸福是看到它所爱的人理解自己，喜欢原本的自己。对“大脑多向思考者”来说，现实世界是与虚幻世界平行共存的。但若“大脑多向思考者”待在虚拟世界的时间甚于现实生活，自然就会觉得这个真实世界太无聊了。因此，此时他们自己会产生的危机是他们不愿意再投注更多精神在真实世界中与人交往，融入人群。另外，对他们而言，这个虚拟世界确实是真实存在的。他们若与他人分享自己的乌托邦世界，其他人可能会把他们当成是个病态说谎者（mythomane）或有精神分裂的人（schizophrène）。

为了逃避残酷的现实环境，有的“大脑多向思考者”会选择沉溺于感兴趣的事物中。他们有兴趣的事物也非常特别，例如：马、恐龙、宇宙等。沉浸于兴趣嗜好，会使得他们的大脑忙碌，忘掉所有的烦恼。举例而言，阅读、电影、网络，这些活动都可以弥补他们对幻想的渴望，还可满足求知欲。

自以为是的高傲态度

一旦“大脑多向思考者”的同辈嘲笑或讥讽他们，不仅他们的自尊心会受伤，而且正义感也会受挫。他们可能会采取的应对策略是隐藏起个人的尊严，改为戴上冷漠蔑视的面具对待他人，使用虚张声势的方法来抵挡被羞辱的痛苦。如同日光与黑影的道理一样，骄傲与羞耻乃是一体两面。

一旦“大脑多向思考者”不再奢望被爱与被理解后，他们会选择以傲慢的态度和挑衅的行为来面对人群。克里斯托夫·安德烈在他所著的书《我不完美，但我幸福快乐极了》中，就以“虚张声势或自以为是”的态度总结了“大脑多向思考者”的狂妄举止。

在“大脑多向思考者”悲惨的幻想中，以为用高傲无礼的行为，便可获得他人的赞美，得到他们所认为的“爱”。以为“聪明机智”，就是不时保持针锋相对的态度，而且常说出尖酸刻薄的话。但请不要被他们的外表欺骗，在他们自以为是、高人一等的伪装下，其实隐藏的是焦虑不安。而他们那虚张声势的保护色，其实是源自于害怕受伤害，及对完美的永恒追求。

我的咨询者马丁也同意上述的说法。他说当他处理重要的方案时，会穿上名牌西装，表现出优雅的风度，因此他觉得他的合作伙伴对自己留下了非常深刻的印象。马丁认为外表与谈吐可以赢得对方的信任；还有，个人魅力和肯定的态度也达到自己预期的效果。但事实上，他知道他隐藏了真正的自己，也觉得与对方沟通时，过于浮夸矫情。他很清楚地知道他的成功是来自于虚张声势，其实他一点儿自信都没有。

模仿

我们做了我们该做的事，例如在一次聚会上：当我们不知道何种行为举止较合宜时，我们就模仿别人。“大脑多向思考者”不了解社会上存在“暗喻”的行为或对话，只是试图复制周围朋友的行径。

由于“大脑多向思考者”观察入微的天分，没有一件事可以逃过他们的双眼，天生能够抓出每个人特有之处或行为，因此模仿他人可达到惟妙惟肖的地步。有的“大脑多向思考者”也成为非常有才华的模仿表演者。在“大脑多向思考者”身边的人，总是常要求这位用右脑思考的朋友可以多表演，成为众人的开心果。模仿他人会为“大脑多向思考者”带来一个严重问题，就是长期成为一个搞笑艺人的角色，对他们的情绪负担非常重。

弗列克的哥们儿都喜欢叫他法兰奇。只要有聚会，法兰奇的好友们总希望他能来参加。因为法兰奇总会把晚会气氛炒热，没一会儿就逗弄大家，让大伙儿都笑翻天。渐渐地，他的朋友们都要他一定要来参加这些晚会。因此，每到假日他都会喝到不省人事。第二天起床后，就会觉得空虚无助。然后这些夜晚持续疯狂，白天空洞的日子，让他呈现人格分裂，自己都不认识自己的状态。突然间，弗列克看着法兰奇滑稽的表演，发现他的那些哥们儿都在嘲笑法兰奇，并非那么欣赏法兰奇的风趣。他忽然觉得夜晚聚会的欢乐很虚假。因此，弗列克变得非常焦虑不安。直到有一天，弗列克穿上法兰奇的外衣，他允许自己与他的哥们儿说出弗列克心中的想法。终于，他的心情的确获得了很大的疏解。

另一位咨询者威廉，在高中时常模仿学校的老师，搞得全班哄堂大笑。但今天，威廉变得非常安静与沉稳。他的一位好友摇着他问道：“哦？这台搞笑制造机怎么回事？坏了吗？”

因“假我”而失去“真我”

“大脑多向思考者”为了弥补“真空的自我”，以及希望大家可以减少对自己的排斥，这群用右脑思考的人便会构筑一道“假我”的城墙。实际上，这“虚假的自我”是一个可以让我们适应于社会生活的个体。具体来说，我们每个人都有一个“假我”，会根据当下的需求，或多或少地调整自我。以下将说明“虚假的自我”是如何形成的。

当婴儿出生时，尚未意识到自己是个体。婴儿以为自己就是母亲的一部分。随着时间的演进，婴儿会渐渐意识到自己是个独立的个体，这就是所谓的“自我”。接着这个婴儿会将他的“自我”与周围的亲友对他这个人的身份信息，两者相互整合后，就会发展出“自我形象”。如果周围的亲友给他的是正面信息，肯定这个孩子，他就会建立“自尊心”。若这个孩子收到他人给的负面评价，将会减少他的“自尊心”。在短短几年间，孩子从意识到“自我”的存在到建立“自尊心”的旅程中，会构建起对“自我身份的认同感”。这也就是说，孩子很清楚地知道自己是唯一且独特的人。但与此同时，自己也需要与他人共同相处，融合成群。然而“大脑多向思考者”建立“自我身份的认同”的情况并非如此。他们无法意识到“自己（我）”，而且也无法接受自己原本的情形。因此，“大脑多向思考者”融入人群的困难是来自于他们的“与众不同”，而且在这个群体中找不到他们自己的立足点。

婴儿需要被倾听、尊重与了解。若家人都能对“大脑多向思考”的孩子表示尊重、宽容，而且不忘记对他所说的话，都可以用来解释他的感觉、情绪和情感，这个孩子的成长将会非常接近他真实的“自我”。随后，他所建立的“自我形象”也会符合原来的情形，而且行为反应也都会依照适当的情况而做出。同时，他也会确定他所表达的情感与欲望都是属于他自己的。若符合以上的情况，那这个孩子从童年起，所谓的“假我”只会用于社交生活中的客套礼节，也就是我们所说的社交礼仪、尊重他人、友善的行为、小心谨慎的态度及良好地应对进退等。所以，这个孩子会保有个人的人格特质，特别是他会学会倾听与观察。

反过来说，若“大脑多向思考”的孩子的家人及学校教育经常使用负面的语言、不尊重的态度、不聆听孩子想表达的事物，他们所做出的行为将会超出许多成年人智力可想象的范围，也使得大众更加无法理解他们。此外，有关“大脑多向思考者”的信息，并非是众所周知的。因此，有很多家长、学校未能意识到这个孩子是属于“大脑多向思考者”。

如果“大脑多向思考”的孩子的家人表现出焦急的态度，没有时间倾听孩子的声音，也不懂孩子的需求，更不知道如何对他们的问题做出回应，反而要求“大脑多向思考”的孩子多去适应这个不适合他们的世界，那么这些富有才华的孩子会逐渐扼杀他们真实的“自我”，硬生生地去适应这个现实环境，以符合家人的期望。此时“虚假的自我”便由此产生，让自己可以适应这个恶劣的环境，并且也将压抑自我真实的本性。

我想举个例子说明什么是“虚假的自我”，现在有个假设请况：我请你来我家吃饭。吃完饭后，我感觉有点累。

如果我的“假我”只用于客套礼节，而且我也想保有我的“真我”，指“我想要休息”这件事。因此，我会用很多圆融的方法请你早点回家。我会说：“啊！今晚我们度过了一个美好的夜晚。我真的很高兴你来我家吃饭，很希望下次有机会我们可以再见面，可是因为明天我要早起上班，而且我也累了，实在很想早点休息。”从这段对话中，你会很清楚地知道我没让你难堪，今晚我们会很愉快地互道晚安说再见。

但是如果我的“假我”出现，它可能严格到我什么都不敢说。我只能一直滔滔不绝地说话，其间不停地打哈欠，让你可以理解到我想传递的信息：“我累了，想休息。”同时，我也希望你是个有礼貌的人，可以考虑到我乏累这一条信息！

但若出现的是“大脑多向思考者”的“假我”，那“大脑多向思考者”会认为他们自己的疲劳是一种不协调的状况，会将疲劳隐藏起来，不让你知道。因为他们认为：你是我的客人，如果你一直想聊，我要让你度过一个美好的夜晚，甚至到天亮。因此，你踏出我的家门口，才是我上床休息的开始。

“假我”就像一间VIP贵宾室

“大脑多向思考者”的“假我”，就像是一间VIP贵宾室，对任何人敞开大门，欢迎光临。这个“假我”的功能就是要考虑到所有亲朋好友的想法、需求及期待。当“大脑多向思考者”的“假我”存在时，当事者会让他们所有的好友们感到非常舒适与友善。那你真实的自我在哪里呢？首先，你要通过一条很长很长的“焦虑”隧道，“真我”则被关在隧道的底端那小小的囚房里。但是要开这囚房前，还有三道门锁紧紧绑住“真我”：分别是被排挤抛弃的恐惧感、自我孤独与被误解的忧伤，再加上无法成为“真我”的愤怒。

当“大脑多向思考者”有“假我”存在时，这个“假我”常会制造出“暂时脱离”的现象：这是因为“大脑多向思考者”不会忘记那个小小的“真我”，他们会试着做自己，而同时“假我”也做了“拒绝真我”的回应。举例来说，“大脑多向思考者”在宴会上，想开玩笑，但这玩笑实在没有笑点，因此产生了小小的尴尬场面，那是因为“假我”想把“真我”严格地管控住，无法真诚地表现自我。还有在朋友间聚会时，看似一切顺利，大家都很开心。但是，瞬间“大脑多向思考者”产生“暂时脱离”的现象。发生了什么事？实在是“真我”

觉得这聚会好无聊。尤其当朋友谈到他们的兴趣时，就在当下的“我”与突然产生某种渴望的“我”发生冲突，因此出现“暂时脱离”的现象，这是由于“假我”差点管不住“真我”，正紧紧加强管制囚房中的“真我”。

尽管“大脑多向思考者”是个聪明睿智的人，但随着时间的推移，他们的“假我”将取得全面胜利，占领所有的“领土”。原因是这个“假我”可以获得大家的鼓励、赞美与推崇。

但是，在他们内心囚房中的“真我”会变得非常孤独，完全真空，因此“大脑多向思考者”也会产生更多的不满。然而因为害怕被排挤、被嫉妒或被误解，“大脑多向思考者”没有给自己更多权利为“真我”发声。不管“大脑多向思考者”在社会上如何成功，他们会一直感受到自我的真空及戴着面具的虚假感觉。若“假我”一直住在“大脑多向思考者”的脑海中，他们会觉得在社会群体生活中，找不到自己的立足之地，或他们正处于一个原本不是他们自己的真正位置！“假我”的产生是由于他们害怕失去别人对他们的爱，或者是他们担心无法得到别人的感情。因此，“大脑多向思考者”建筑“假我”这道城墙付出的代价是对于自我强烈要求的完美主义、对自我情感的否定；对他人会无来由地产生攻击性或冲动的行为，以及在人际关系中会有羞愧感、罪恶感、焦虑感或重度抑郁症。

泳衣综合征：好好先生与好好小姐一起帮忙找泳衣

为了让你更了解“假我”在你的心理情绪上如何运作，我先来告诉你一个菲利普的故事。菲利普与他的妹妹正在通话，他对他的妹妹说：“好友文森与弗洛这对夫妇今晚要邀请我到他们家用餐。”他妹妹开心地说道：“那太好了！既然你要去文森家，你可不可以顺道绕到爸妈家拿我的泳衣。我忘了拿回来了。到爸妈家，你就会看到泳衣在抽屉里……”然而对菲利普来说，这“绕路”可要绕道一个小时之久！当天菲利普下班晚了，就直接到文森与弗洛夫妇的家，但他没忘记妹妹的要求。当菲利普凌晨一点离开文森家时，开了一小时的车到爸妈家，去找他妹妹“重要的泳衣”。

当菲利普拿回他妹妹的泳衣，回到车上时，他便开始大怒特怒，发泄情绪，气到弄伤了自己的脚。就是为了完成使命，帮妹妹拿泳衣！菲利普说：“她应该还有别的泳衣，为何一定要这件？或者她有空也可以自己回来拿。她到底有多急，一定要拿到这件泳衣？要我在这时候，去拿这件破泳衣。她不会自己去拿吗？”当菲利普告诉我这个故事时，他自己才意识到应该要对他的妹妹说“不”，但当时他竟然没想到要这样说。之后，我把菲利普的故事说给娜塔莉听，她也是一位“大脑多向思考者”。听完，她感叹地说：“要是这事发生在我身上，我也会绕一个小时的路拿回泳衣。当别人要求我帮忙时，我连想都不想就说好，也不问自己有没有办法完成这任务。我的大脑几乎是跳过自己是否能胜任的这个考虑阶段，立即开始想下个步骤，我要如何完成这任务，把这任务排在我的工作行程表中。”还有另一个“好好先生”的例子：昆汀是一位工程师，当我将菲利普的故事及娜塔莉听完菲利普的故事后的反应都告诉他后，他苦笑了一下：“我永远都会答应别人的要求！在公司上班时，我就是整天去帮别人‘找他们的泳衣’。我甚至还会笨到去问我的同事说，要不要我帮忙去‘找他们的泳衣’！”没错，这就是泳衣的故事，所谓“好好先生与好好小姐”综合征。“大脑多向思考者”的VIP贵宾室，对于任何人都是来者不拒，有求必应。因而造成自己精疲力竭，不堪负荷（burn out）。现在当你疲惫不堪，累到喘不过气来时，你至少知道为什么了：因为仅仅一件泳衣，对你来说实在是负担太沉重了！

从泳衣综合征到斯德哥尔摩综合征

斯德哥尔摩综合征是一种心理防卫机制。位于瑞典的斯德哥尔摩市，有一家银行被抢劫，六天后警方攻坚银行。他们发现被劫持的人质对劫匪产生强烈的情感。那是由于这些被害者被控制威胁而感受到巨大的压力，以致失去了评断力，并将此压力与加害者的逻辑合而为一。斯德哥尔摩综合征的矛盾情结也会发生在很多虐待案件中。“大脑多向思考者”成人时，常受到他人批评；童年时，也常被他人嘲弄，因此他们非常害怕被排挤，这就是所谓的受到心理的暴力。尽管是一件微不足道的指责，“大脑多向思考者”感受到的压力，可以大到出现斯德哥尔摩综合征。

斯德哥尔摩综合征的症状也可以解释“大脑多向思考者”的心理状况。因为“大脑多向思考者”喜欢阅读他人的思维，会试着从对方的几句话中找出他们内心的想法，试着满足亲朋好友的需求与期待。再加上“大脑多向思考者”害怕遭受到排挤与抛弃的恐惧，使得他们非常敏感，不会对任何人说“不”。也因此造成他们的心灵非常脆弱，极易受到他人精神操控。

因此，我们要约束“假我”，找到真正的自我，并让“真我”充满安全感与宁静。当你阅读本文时，也正是找回“真我”的时候。

渐渐地，你会与你的“真我”完全和解，还会发现自己是个精彩有趣的人，拥有畅所欲言的权利。我们可以用简单但重要的短语帮助你重新给予“真我”生存的空间。当别人请求你帮忙时，请记得不要说：“是的，好的。”请说：“呃，这好像不太行！”试试看这句话，你会发现它具有强大的力量。

我说：“拜托一下，你可以帮我找一下泳衣吗？”现在换你回答：“……”

只有你对自己的情感与欲望非常确定，“真我”才会变得健康有活力。我们要治愈潜在的抑郁症，一定要解放压抑的情感并找回它的自主性。倾听自己内在的声音，就是尊重自我而且从我们内心找到力量。当然，你可以处于伤心难过、绝望无助的状态，但请不要担心你的低潮会干扰他人。当我们遭受威胁时，会感到害怕；当我们不被尊重时，会感到生气，这些反应都是正常的。慢慢地，你会再次了解到什么是你不想要的，而且清楚地知道自己要什么。然后，你可以让这些想法表达出来，不必担心被他人拒绝或排挤。只有孩子才需要无条件的爱让自己成长。然而像我们这样的大人，不需要取悦每个人，靠他们过活。

只有当自我价值深植于真实的感情经验中，我们才会远离抑郁症，不是光拥有那些特定的优点，就能感受到自我价值的存在。不用向他人证实你的价值，因为你的不完美使你成为一个出类拔萃的人。有一天你发现你喜欢当下的自己时，也正是真空的自我被填满的那一刻。

第2章　你也无法理解别人

你所向往的价值观，逾越了社会的潜规则

若我们要说有一个与“假我”平行而立的城墙，那即是“大脑多向思考者”拥有如钢铁般的价值观。当他们发现某个领域，而且自己对该领域不再产生疑问时，没错，那便是他们热情的所在！

对于正义、诚实、真诚、正直，以及友谊与爱情的界线，“大脑多向思考者”都非常清楚地知道它们的意义，而且还拥有过于常人的极端要求标准。由“绝对值”价值观所砌成的高大水泥墙，在“大脑多向思考者”的眼中，当然是理所当然、天经地义的真理。也因为有如此坚毅的价值观，“大脑多向思考者”在现实生活中会常遭受挫折，他们无法将自己的价值理念与大家分享，因为人们并非都如他们一般，都拥有如此清楚的道德理念。另外，对于社会上不公义的事件、犯罪

的行为或友人的背叛等，“大脑多向思考者”也感到非常不解，而且有的人还会抗议反对如此不公、不义的暴行发生。你无法要求右脑思考者放弃自己纯真的理念，因为他们非常确定自己是站在真理的这一方。我引用咨询者的谈话来描述“大脑多向思考者”的乌托邦理念：“可是我一点儿都不想知道这个世界上的人并非如我想象的一般。”

“大脑多向思考者”对“绝对道德观”的向往，会让他们趋于两个极端的行为模式：要不成为一个宅心仁厚、善解人意、耐心理解对方的真好人；要不成为一个极端顽固、道德说教、指责他人道德行为过失的人，不停地批评那些不拘小节、爱贪小便宜、到处行骗的人。随着年龄的增长，这些真理的追求者会用两种角度来看待事情：第一种角度是自己成为明辨是非的智者，观察事物的发展状况；另一种是选择作为一个爱发牢骚、专门挖苦别人缺点的人。还有一些“大脑多向思考者”会不断地来回于这两种角度中，如同乒乓球，一会儿处于智者的角度，另一会儿又处于揶揄嘲讽的态度。

“大脑多向思考者”会拥有这两种角度的原因，还是来自于拥有完全纯粹的绝对价值观，使得这些宅心仁厚的真好人觉得自己好像是来自外太空的人，很难在“这个社会”上找到立足点。另一个方面，“大脑多向思考者”也会因自己的价值观逾越了“这个社会”所制订的潜规则，有的人会因此反抗这些社会的内规，那是因为“大脑多向思考者”觉得这个社会上有很多潜在规则，无法诉诸于语言，他们感到人们很虚伪不实。同时，也因此发现这个社会上有很多懦弱的人，不坚守道德标准。此外，行礼如仪、照本宣科的应对进退，也让“大脑多向思考者”感觉到人们的互动缺少了一种坦率与单纯。

在完美理想的天花板与现实残酷的地板间，“大脑多向思考者”生存于夹缝中。他们会将现实世界中扭曲、不完美的现象，调整到自己所相信的真理上。因此，在家庭、工作场合中，他们所扮演的角色，就如消防队的救火云梯，随时调整高低，协调自己的理想与不公义事件间的冲突。然而这些持续走在钢索上的平衡者，会因不断地协调现实与理想的冲突，让自己的体力消耗殆尽。但他们不放手，坚持自己的信念、理念与信仰。

“一般人”常常会把“大脑多向思考者”看作是“略有残疾的人士”，这种讲法实在太伤人而且很荒谬。大家都忽略了“大脑多向思考者”的绝对价值观。相较于“一般人”而言，“大脑多向思考者”拥有“正义价值观”，这微小的差异，便很快地招来他人的恶意伤害或虚情假意的对待。你可能会认为我形容得太过。让我举个例子，“十戒”中的一条戒律说道：“不可杀人。”但你会不会因为情况的不同，而伤害他人呢？换言之，你可能会说：“对，不可杀人是没错，但也要因地制宜，因人制宜，不用过于拘泥。”意即在宽松容忍的环境下，

“不可杀人”的戒律也终将式微。但对于“大脑多向思考者”而言，并不会同意以上的说法，他们仍然坚持自己的道德诚信，绝不宽待。只因为他们活在自己的价值体系下。

玛丽斯是位家庭主妇，经常受到丈夫的恶言相向或拳打脚踢。她来到我的办公室做心理咨询，我鼓励玛丽斯要有勇气逐渐远离她的先生。但这不是那么简单的一件事。因为依照她坚守道德的价值，必须尊重自己承诺过的婚约誓言。她相信她的婚姻是基于这个价值而存在的。她不经意提起她的丈夫，不仅嫌弃她不会折叠餐巾，还把这件事当借口，大声地怒斥玛丽斯在家中所做的一切家事，甚至侮辱她。这是她日常生活中经常发生的状况，令人唏嘘不已。尽管每天遭受到这样的侮辱，玛丽斯还是继续照顾她的家庭、三餐、家务，当然包括她的丈夫，日复一日。我对玛丽斯的容忍感到非常讶异。在我看来，应该是叫她那坏脾气的丈夫每天二十四小时整理家务、折叠餐巾及料理三餐，这样比较适合吧！

难道玛丽斯就不担心自己会遭受到她配偶更恶劣的对待吗？她回答道：“不会的，因为我很善良，仅此而已。”

我好意地暗示她说，她所说的善良，其实根本就不是“真善良”。她感叹说：“哦！你放心，我这样容忍，并不是为了他，而是为了我自己。因为这样才符合我想象中的婚姻生活。我的丈夫不时地对我冷嘲热讽，天天大呼小叫，我当然不会再继续爱他。我是尊重我们婚姻的价值。所以，我作为一个妻子，会尽我应尽的责任，做我该做的事。其实这一切，是为了尊重我自己！”

你可以发现“大脑多向思考者”的价值观既真诚但又带着一丝丝的淡漠。我喜欢用以下的困境，来考验“大脑多向思考者”刚正不阿的价值观，我问他们：

我：当你一个人在大自然中散步时，突然看到地上有个皮夹，里面有一沓现金。可是皮夹内没有皮夹主人的身份资料，这时你会怎么做？

大脑多向思考者：我会去附近问问有没有人掉了皮夹，而且努力不懈地询问。

我：可是这个皮夹没名没姓啊！任何一个有心机的人，都会为了那沓现金对你说：“这是我的皮夹。”（我就像是个魔鬼的代言人，用尽一切技巧，希望“大脑多向思考者”能留下这个皮夹，还对他们说，找回皮夹主人的机会是微乎其微，加上金额也不是太大。但通常听到这样的劝说，他们都无动于衷。）

大脑多向思考者：对，我知道我的反应看起来很蠢，但是我就是不能拿这个皮夹！

我：好吧！既然都已经谈到了留下皮夹这件事了，那请问如果有别人将此皮夹占为己有，你会感到很惊讶吗？

大脑多向思考者：呃，不太会吧！

大部分的“大脑多向思考者”都保有无私奉献的精神。他们并非对“钱”不感兴趣，只是他们的想法不同于“一般人”。有很多“大脑多向思考者”承认自己在家庭、亲情与友情上，都扮演着经济支柱的角色。这点对精神操控者而言，简直是一大福音。“大脑多向思考者”有时在生活中会遇到诈骗的人，但也不用替他们太担心，就是因为他们不在乎“金钱”，所以没有一个人的钱多到会被骗光。对于遇到诈骗的事件，“大脑多向思考者”都会用这样的说法来说服自己：“这些人之所以成为骗子，都是‘上有高堂、下有妻小’的缘故。”

“大脑多向思考者”的价值观即是：“相信所坚持的事，便会感到幸福。”只要不试着将自己的价值观强加于别人身上即可。因此我们也可以称这群人为“理想主义者”。右脑思考者一定不会对正义、善良及“绝对价值”的向往妥协。即使生存在这个残酷的现实中，他们仍然会坚持这样的信仰。同时，“大脑多向思考者”也尊重他人所做出的人生选择，他们认为只是这些人对自我的要求不高，而衍生出不同的行为表现而已。

克莉斯汀对我说：“我所做的事就是不去评断他人。如果我的账单有误，不管多算或少算，我都会到柜台请他更正。有的人认为我的想法过于天真，但是我真的不知道还能怎么做。”

理想主义最终成为人际关系的阻力

听听爱心熊（bisounours）[②]所说的话。“大脑多向思考者”信仰的价值观唯一绝对而且完整健全。从“绝对价值”来看，这没有错。如果人们都像“大脑多向思考者”的想法一样，那这个世界将再次变成理想中的伊甸园，会有多美好！然而，如今的社会并非如此，请容我批评如今的社会价值系统：这个社会只会管理与自己思考模式相同的人。它将这群所谓的“社会不适应者”，与那些尖酸刻薄、不诚实的人归成同类，甚至还说这群人非常危险。举例说明一个显而易见的道理，我们对待一只老虎，不能像喂养小猫那样。总之，当代的价值系统内，我们缺乏一种“能够侦测出哪些是虚假恶意之人，并且能有效地管理他们的软件”。此外，当代的价值观并没有很精确地定出“善良”的界线。也许你听过这样的一句话：有些人就是“人太好，就是太傻”。使用“太”这个字，实在无法明确定出界线，分清楚善恶。最后，我们是依据“VIP 贵宾室”的概念，使用“假我”的软件程序来构建这整个社会的价值文化。

该价值系统会因为现有的社会规范、法律占有其根基，看起来似乎是正确、合情合理，但也因而产生一种封闭的价值观。它的缺点是根据

② 指“大脑多向思考者”。——译者注

该价值体系下的规范原则，若有不合乎正义公平、逻辑时，或者有人为的恣意妄作时，“大脑多向思考者”都无法将某些价值观修正，转曲为直。

另一方面来说，现有的社会价值观可以接受人们因逾越规则而带来的惩罚。因为该价值体系认为：当人们面对自己的行为时，应负责承担其行为所带来的结果。正因为此清楚的观念，当人们认为“大脑多向思考者”产生不可理解、反抗的行为或过于冷漠的反应时，会把这些人的行为视为疯狂或一时兴起之作。理所当然“大脑多向思考者”也会因自己的举止，遭受到社会大众的谴责，让他们倍感挫折！

除了“大脑多向思考者”真的认为某个原则规范是愚不可及或不合逻辑时，会做出反抗的行为，不然，他们行事的原则是：绝对诚实并严格遵守规范。由于理想主义的驱使，他们喜欢了解每个规范制订的原因并时时保有理性怀疑的态度。“大脑多向思考者”非常重视个人的道德伦理，但由于他们离经叛道的行为，也可能会让他们吃上官司或入监；尽管欣然地接受法律的制裁，但对自己的行为理念仍然丝毫不会动摇。对他们来说，信仰理念的最高价值是来自于他们的勇气。因此，我们也需要感谢有这群人的存在，让独裁政权遇到阻力，不能恣意妄为。但有时候，他们的绝对坚持也会让人觉得就像是要将自己的理念强加于他人身上。

方索瓦回忆起自己小时候的故事。下课时间与同学在操场上玩耍时，总会不自觉地抵抗对方的霸凌压迫，同时告诉自己千万不要与这群人为伍。可想而知，因为打架的行为，他不可避免地遭受到校规的惩罚。但他勇敢而不颤抖，认为只是尽一己之责而已。

但是，当他与别人打斗时，他的心没有给自己一个足够回旋的空间来查看整个事件的来由。对他来说，作为一个“莽汉”拯救被害人是再正常不过的行为了。但事实恐怕并非如他想象的那么单纯。[③]

关于“大脑多向思考者”与威权制度的相互关系，往往也是非常复杂的。关于嫉妒、贪婪及权力游戏等，都不存在于他们的价值体系当中。他们认为的正常人际关系即是平等互惠地对待他人，不管对方的地位和阶级。举例来说，无论他们与总裁大人或柜台人员交流时，都是秉持一贯的态度，不因阶级而有所不同。因此，关于“大脑多向思考者”的特质如诚实、勇气或某种特别娴熟的能力，都会留给人们非常深刻的印象。当看到别人的努力或成就时，他们会真诚地鼓掌赞美对方，毫不虚伪和做作。他们谦逊近人，不习惯跟别人打躬作揖或屈就顺从。所以从小时候起，权威对他们就是一大挑战，例如与父母长辈、学校机构的关系等。成年后来到社会上工作，也面临管理科层制度的困难。对他们来说，所谓的主管，并非只是个虚有其名的头衔，

③ 一般来说受害者并非如他们表象的那样单纯。请阅读本书作者所著《我们如何落入受害人、加害者或拯救者的陷阱》一书。——作者注

而是要有能力胜任该职位，并能正确、明智地下达指令的人。对“大脑多向思考者”而言，只要有能力，头衔一点儿都不重要，而且认为管理阶层的多层级命令，其实一点儿意义都没有。

菲利普很肯定我以上的说法，他说：“有一次在公司餐厅里，遇到我的人事主管。我就告诉他，我想安排的职业训练课程及时间表。之后，我的直属主管知道这件事后，非常生气。

“他认为我与人事主管的交谈内容是一种迫使他同意的行为。但是我从来没有这样想过，只是刚好遇到了人事主管。若我没有在公司的餐厅里遇到他，而在其他状况下，我仍会直接与人事主管谈这事。”对于菲利普而言，先与直属主管谈职业训练课程的事情，是毫无意义的：“既无聊又浪费时间。”

然而，对于坚信科层管理结构的人来说，他们认为每个人在其所在的位置，都有其合法性。因此，当他们面对“大脑多向思考者”与人交往的态度，即坚持人人一律平等、以诚相待的原则，会让自己的逻辑非常混乱，没有安全感。由于这样的差异存在，在工作场合上会产生无法相互理解对方的冲突。如果“大脑多向思考者”能多花一点儿的时间与他们的对话者沟通，让他们保有安全感，这样的误解将可避免。在职场中，毕竟大部分的“大脑多向思考者”都会遇到以上的问题。此外，他们的聪明才智、快速的理解能力、有效率及完美主义的个性，也会让他们在工作上吃许多苦头。

最后，除了拥有刚正不阿的个性外，“大脑多向思考者”也能预见前瞻性的事物而且天性善良。但这也为“大脑多向思考者”带来了问题。因为一旦他们与人沟通，便能很快地发现对方的正面潜能。

维罗妮卡说：“你说得对极了。这倒是真的！每当我看到有人或是电视上的人，我都会觉得如果他们接受我的建议，改进他们的衣着或说话的方式，或无论哪一个方面，我都深信会使得他们变得比现在更好！”

然而“大脑多向思考者”都以为对方与他们自己一样，可以看出自己的潜在优点。但是这种热情积极帮助他人的态度，往往会使得他们的对话者产生怀疑，因为对方不知道这个热诚亲切的建议是别有用心还是阿谀奉承。也会发生如以下的状况：由于“大脑多向思考者”的多感，便有可能将对方读透，因而提出相关建议。然而这位交谈者可能不愿意面对当下的自己及未来充满可能性的自己。因此，他们会因对方的强迫推销而感到不安，对方的言语太过于冲击他们现在的思考模式。所以，只有精神操控者这类人会很高兴利用“大脑多向思考者”的单纯无知。

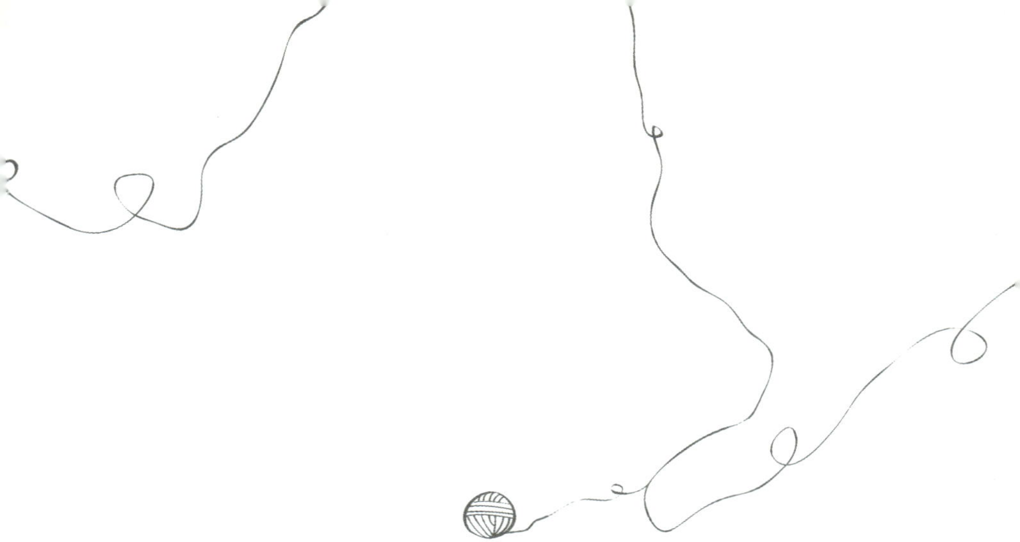

第3章 即便无法互相理解，我们仍然共存

前面所言乃是说明由于“大脑多向思考者”在伦理道德与生理神经系统的层面与“一般人”的不同，而造成他们难以经营人际关系。绝大多数的“大脑多向思考者”都一定会经历人际交往的问题。所幸的是，有些“大脑多向思考者”身边的亲友了解到这些右脑思考者的不同，因此能有效地与他们沟通，也似乎减少了他们在人际关系中产生挫折的印象。然而，一旦与其他陌生人相处，通常“大脑多向思考者”还是会产生障碍。他们主要的困难是来自于无法了解到该社会的暗码语言（des implicites sociaux）。因此，便会逐渐不适应群体环境的生活，他们感觉到必须通过某种东西才能了解对方，但那是什么？因此“大脑多向思考者”说话时，会非常谨慎小心，这样便失去了原本的自发性，有时还会产生过度的警觉心，担心再度造成尴尬的情况。

然而，他们付出大量的努力仍然还是失败，无法理解对方，无法解读这个社会上的暗码语言。

“大脑多向思考者”还有另一个困扰，即他们对自己或他人的期望都太高。在他们的想象中，一旦人们真诚地喜欢对方，大家就是好朋友、好哥俩、好姐妹、好邻居等，因此我们就应该如何如何，做某种他们认为的行为举止。他们可以列出一张清单说明以上的关系“应该产生”的行为。但这些应该有的行为都是出于他们自己的想法。也因为有以上的期望，“大脑多向思考者”迟早会对他们的情人、朋友、好哥们、好姐妹或邻居们的行为感到失望。对“大脑多向思考者”来说，这份“应该如何，必须如何”的行为清单是“绝对值”，不能有例外的情况发生。然而这样的想法，是不切实际的。

由于“大脑多向思考者”无法推敲琢磨人与人之间的关系并调整自己对他人的期待，因此形成自己长期处于孤独、无法理解大家的心理状态。即使有许多“大脑多向思考者”在一起，也可能会互相伤害对方，那是因为他们之间没有共同的语言，能够相互了解沟通。另外，“一般人”的价值观是明确轻重缓急、优先级，这与“大脑多向思考者”的价值观差距甚大。因此，造成了彼此更大的误解。举个例子来说，当我们喜欢上相同事物时，喜欢的原因却是大大不同的！这样便可说明“大脑多向思考者”与“一般人”沟通会产生障碍。

由于与“一般人”拥有不同的价值观，“大脑多向思考者”常遭到别人排挤或被骚扰。最严重但也是最不幸、最频繁发生的情况是，一旦有心怀恶意的人发现“大脑多向思考者”的正直善良，利用他们的弱点来操控他们，他们便如同猎物陷入陷阱当中，任人宰割。我们称这样的掠夺者为“心理操纵者”。

真正让你感到痛苦的人——心理操纵者

我之前写过一本书《逃离操控者》④，该书主要讨论的是精神暴力、心理操纵者，以及人际关系中的情感依赖行为。其中一个章，专门详述这些心理操纵者的人格特质及操控行为，更指出可能受害者的轮廓情形。同时，我也列出一张表，说明有哪些人格特质的人可能会特别容易遭受他人操控。

令我比较惊讶的是，我发现这些受害者的人格特质是通常会把事情想得比较严重，但性格上是属于正向积极的人。他们拥有异于常人、源源不绝的快乐活力，天性无私善良，愿意真诚地与对方和平解决冲突，然而也会高度怀疑自我想法。

该书出版后，我也开始专注于研究心理操纵者的人格特质，因此

④由 Guy Trédaniel 出版。——作者注

也有更多的机会了解到这些被害者。在我的研究当中，我开始相信“大脑多向思考者”是心理操纵者首要寻找的猎物。同时经由很多研究证实，那些“天才型”儿童小时候都非常安静，善良平和，少数可能会变成个性孤僻或做白日梦的孩子。但是善良天性使然，大多数的“天才型”儿童在孩子圈内还是很受欢迎的。然而，在群体当中，会有些心存恶意的孩子专门喜欢挑衅“天才型”的儿童。根据我多年的咨询经验，我相信大家低估了校园暴力的严重情形并且尚未意识到校园骚扰案件增加的数量。此外，托尼·阿特伍德，《亚斯伯格症指南》一书的作者，于该书设一个完整章节，专门探讨患有亚斯伯格症的孩子在学校里遭受到的骚扰、暴力等情形。

内心的牵挂

“大脑多向思考者”的心理结构倾向于与他人建立一个情感依附的关系。“真空的自我”正是心理操纵者入侵的大好机会。“大脑多向思考者”期待建立一个紧密的情感关系，亲昵而且热情，他们渴望遇到相知的灵魂，然而他们却无法理解“一般人”的想法。他们看不出操控者的虚情假意是温柔的陷阱，也听不出对方的花言巧语。加上事情进展得太快，操控者善于算计，“大脑多向思考者”以为自己终于找到了一个可以接受、理解他们的人，因此再也不愿放手。渐渐地，在这样的关系中，“大脑多向思考者”被心理操控者“宠坏”了。因为“大脑多向思考者”

只想了解对方的想法因此会不停地怀疑自己，他们的发散性思维可以无止境地延伸，一直思考为何他们的关系出现了问题。除此之外，在人际关系中，“大脑多向思考者”非常需要温暖和谐的气氛，因此他们会选择屈服，接受操控者所有的要求。而且他们喜欢将责任归咎于自己，因此也让对方有机会可以完全任意指责“大脑多向思考者”。最后情况会演变成：操控者将自己所有的想法完全投射在“大脑多向思考者”真空自我的身上。总有一天，“大脑多向思考者”会认为自己才是操控者，自己才是这段关系中的麻烦制造者。其实这样的情况从“大脑多向思考者”小时候起便一再发生。所以，他们会更容易相信一切的错都在自己。

不可思议的互补性：心理操纵者 vs 大脑多向思考者

我很确定地认为心理操纵者对“大脑多向思考者”有一种本能的仇恨，因为他们自己的对立面即是“大脑多向思考者”。这些自恋的变态者[5]是充满恨意、脾气暴躁、恶劣多疑、懦弱空虚的人。这样的人怎么会喜欢天性善良、充满爱心、相信他人、勇敢开朗的右脑使用者，尤其他们还拥有源源不绝的活力朝气？然而心理操纵者是生命力的掠夺者，戕害“大脑多向思考者”，破坏所有的爱与喜悦。

我发现心理操纵者与“大脑多向思考者”之间有很强的互补性，

⑤ 法语 pervers narcissiques 原意是“变态者”，亦指“精神操控者”。——译者注

犹如一体两面：白天与黑夜、天使与恶魔；然而善与恶的对立、生与死的冲突却是不公平的战争：心理操纵者是精于算计的人，会与天真烂漫的人产生冲突，没有任何善良掺杂其中，只有邪恶。

我们这里有个例子可以说明两者间惊人的互补性。本书开头即提及“大脑多向思考者”拥有高度灵敏的神经系统，我之前写过的书也曾提及。这些心理操纵者知道“大脑多向思考者”拥有敏感的五官，于是他们通过触觉、听觉、嗅觉等来操控受害者，使他们陷入疯狂。因为“大脑多向思考者”比“一般人”更容易受到空间、声音或气味等的潜在干扰，这会使得他们的注意力更加容易分散，落入心理操纵者的陷阱中。

另外，在本书第 1 部分的第 3 章即提及“大脑多向思考者”的睡眠质量不良的问题。这也是我想举的例子。因为有些心理操纵者（例如，神秘宗教）的目的便是剥夺他人睡眠的时间。这些心怀不轨的人知道如何在睡前故意发生争吵，使得“大脑多向思考者”的思绪发散，神经处于高度紧绷状态，无法得到休息。有恶意的人会故意在床上叹息，打鼾，不停地翻转，随手开灯，大声地开关门……（没错，他们都是故意的！）加上“大脑多向思考者”的大脑杏仁核过于敏感，一旦醒来，便很难再次入睡。由于睡眠不足会直接地影响血清素的平衡，这无疑对“大脑多向思考者”形成了精神虐待，也有可能是造成他们自杀的原因之一。心理操纵者的本质是狡猾虚伪而且心怀恶意，因此与“大脑多向思考者”

的特质互相对立。而这些心理操纵者表现出的虚假行为数不胜数。

首先要知道的是，“大脑多向思考者”的本质是真诚坦率、公开透明但是怀有妇人之仁的人。相反，心理操纵者则是对自己非常有信心、专制蛮横及喜欢操控他人的人。再加上“大脑多向思考者”通常容易怀疑自己，缺乏自信心，时时处于疑惑当中，让这些心理操纵者趁机而入，受到他们的摆布利用。在我的一些咨询案例中，咨询者提及无论在生活上或工作上，一直长期受到精神暴力的伤害，然而他们并不知道自己拥有超敏锐的五官感知。因此，“大脑多向思考者”的特质便受到有心人士的利用。“大脑多向思考者”认为恶意的态度与破坏的行为，是一种完全损人不利己的行为，事实上这个世界就是有恶意之人的存在，有不同形态的心理操纵者。经过长期的研究咨询，我得出了一个惊人的结论：心理操纵者只找寻“大脑多向思考者”作为他们的猎物。每次我与咨询者对话时，我都会再次检验我的立论是否正确。答案是肯定的。

“假我”：24 小时的 VIP 服务

纵使受到心理操纵者的长期困扰，“大脑多向思考者”也无法感受到被操控或玩弄，是因为“大脑多向思考者”的“假我”钳制了自己真正的感觉，让他们无法真正感受到心理操纵者对他们的伤害和控制。在前文中，我曾提及“假我”就像一间“来者不拒的 VIP 贵宾室”，会满足每个人的期待。也请记得这是一个自动切换的“假我”反应机制。这种“假我”的“欢迎光临机制”使得心理操纵者可以完全掌控“大脑多向思考者”。

这些不正常的心理操纵者会不时地测试“大脑多向思考者”的自我掌控力，并把它当乐趣来看待，玩弄被害者于股掌之间。

每当心理操纵者对“大脑多向思考者”有所要求时，即使是用恶劣的语气开口，这些善良的右脑使用者还是会毕恭毕敬地完成使命，以期完成操控者的愿望。所以这样的遥控，对心理操纵者而言，是一件多么神奇又有趣的事啊！长久以来，“大脑多向思考者”会尽量满足所有人的要求，即使有些要求是不合理的，但他们没有意识到这一点。举例来说，当正常人请求他人协助时，他们会自我节制，尽量不要要求得太过分。可是心理操纵者却不然，他们的要求永无止境，而且只尊重那些拥有权力的人。要远离心理操纵者，只有对他们说出“拒绝”二字，这样你才能遏止他们对你无止境的要求。当“大脑多向思考者”面对这些操控者时，请用力地关上“假我”机制，要表现出坚决拒绝的态度。这种态度意味着你必须忘记所有的礼貌行为、外交辞令或客气和善的言辞，之后找出一个令双方满意的妥协方案。要敢于面对这两难的困境，即使大动干戈也在所不惜，并且要知道如何施压于心理操纵者，让他们知难而退不要侵犯你的立场。也要记得当下要表现出顽强的态度，拒绝与对方拉长讨论时间。因为此时，对“大脑多向思考者”来说，无礼唐突与威胁恫吓才能换来双方的和谐互信。

总之，为了逃离心理操纵者的掌控，“大脑多向思考者”应该与操控者一样说些乖张恫吓的语言，我知道这样的言语行为正好与“大脑多向思考者”的个性相悖。“大脑多向思考者”拒绝了心理操纵者后，通常也很难接受自己为了拒绝对方而做出的无礼行为。

逃离心理操纵者的掌控

那么，“大脑多向思考者”要如何才不会成为心理操纵者的猎物呢？首先，他们必须相信这个世界的确有心存恶意之人的存在。这可不是一件容易的事！因为“大脑多向思考者”相信“人性本善”之说，不认为人生来便怀有恶意。他们的世界里不存在仇恨、嫉妒或怨恨。“大脑多向思考者”认为若一个人怀有恶意，那他一定处在非常不幸福的状态中。所以，当一个“大脑多向思考者”的行为表现得非常恶劣时，那他必定是非常不快乐，但即使他非常不快乐，也不会表现到令人发指的地步。现在，我们必须告诉“大脑多向思考者”以上的因果关系是错误的。因为心理操纵者总是非常恶劣，甚至残酷。他们非常享受为非作歹的乐趣，而且并非所有的坏人都是不幸福的。相反而言，人性中邪恶与占有欲，会带给心理操纵者一种兴奋快感。当心理操纵者说谎、伤害对方时，会认为自己真是聪明绝顶，自我陶醉在其中。其实真的很难让“大脑多向思考者”了解到心理操纵者的谎言与冷酷无情的表现。因为他们无法理解这些坏人所做的一切，都是经过处心积虑、衡量盘算，这些怀有恶意之人，就是会有演出绝望的痛苦表情或说出违背内心的温柔话语之类的行为。

通常在咨询的过程中，我都是扮演坏人的角色，让“大脑多向思考者”了解到这个世界还有更恶劣的人存在！

确实如此，这个世界太残酷了，因此你不得不关上自己的心门！然而，“大脑多向思考者”迟早要为自己的善良设定界线。在这个地球上，并非只有“人性本善”的人存在。正如我前文所举的例子，虽然猫与虎都属于猫科动物，但饲养小猫与豢养老虎的方式一定有所不同。到目前为止，你维系人际关系的方法，就是开出可以让任何人提领的空头支票，你的善意就如24小时的自动提款机，被大家滥用。现在你必须自我掌控这台“善良”的提款机，将“善良”模式切换到手动操作。请记得只有你认为“值得”的人，才有资格获得你的善意。

当你要开启“善良”提款机时，可以提出以下问题问自己，帮你明白地划清“善良美意”的界线。你也许听过这样的谚语：“人太好了，就是太笨。”现在该是你问自己的时候：“我到底要当老好人到什么时候？我从什么时候开始变笨了？”

要问自己的第二个问题是：“我到底要当老好人到什么时候？从

什么时候开始，我变得唯唯诺诺？”这也就是要告诉自己：“我从什么时候开始，忘记了我的自尊？只是为了那个‘假我’，我就得听命于他人吗？”

当我们面对冲突时，每个人都会产生恐惧。请问自己：“我到底要当老好人到什么时候？从什么时候开始，我变得非常软弱？对冲突的恐惧是不是开始掌控了我？”

最后，别忘了问自己这个小问题：“这个人，他值得我对他好吗？”

对了，为了让你的“真我”保有空间，请说出这个简单的短句：“呃，这好像不太行喔！”它是开启“自我”的钥匙。

最后，我要纠正“大脑多向思考者”的一个想法：尽管我们可以给那些心理操纵者无比的爱心与耐心，但他们永远不会改变。的确，每个人都是不会变的。因此再次给那些天生邪恶的人机会，这是多么可怕和危险。原因一，心理操纵者打从心底就很满意自己，对自己感到非常骄傲。除了自己之外，别人都是傻瓜笨蛋！原因二，心理操纵者不会自我批评和反省，他们自认为完美无缺，只有“别人”才是问题。如果操控者对你承诺说道，“我们会改变的”，这只是诱导你的伎俩，是在催眠你罢了。但是通常“大脑多向思考者”一点儿都不了解像这样的坏人，他们不相信从刚开始心理操纵者便取笑自己；当“大脑多向思考者”悲伤沮丧时，操控者也不会提供协助。最后，我只能对“大脑多向思考者”说：一旦你遇到精神操纵者，唯一的方法只有逃离，离他越远越好！

不过，“大脑多向思考者”遇到的最大困境，不是二十四小时不间断地脑力思考，而是陷入心理操纵者情感依赖的陷阱。“大脑多向思考者”经常告诉我：即使被精神操纵者虐待，他们还是非常依恋操控者。那是因为心理操纵者拥有多变的外表。因此，“大脑多向思考者”得使用他们超凡绝顶的智力看清心理操纵者的真正面目，这是他们最大的挑战！

我们可以想象在“大脑多向思考者”尚未看出心理操纵者的真面目前，他们的心智是处于纠结的状态。那是因为“大脑多向思考者”不了解人性可以复杂到如此地步：世上竟然有人喜欢撒谎欺骗，讲些自相矛盾的话。所以要脱离对操控者情感的依附，只能运用你的聪明才智，看清楚这些操控者们狡诈的想法。

你比“一般人”还要聪明

由于“大脑多向思考者”非同寻常的心智能力，他们不会想听到以上的事实。因为以客观的角度来说，他们确实是比“一般人”[6]聪明。

⑥这里所指的“一般人”，是以左脑主导思考行为的人。——译者注

下面我们将说明“发散性”的思维模式胜过“接续的线性”思维模式：

“发散性”的思维模式，可以同时管理许多信息。

“发散性”的思维模式，通过联想的方式产生无数个相关想法。依据不同的相关想法，可以帮助你记忆或找到各种解决方案。

“发散性”的思维模式，通过横向思考会产生不同的想法，增加创造力。

人类思考方式的捷径，乃是对单一信息进行发散性联想，这也使得“大脑多向思考者”的脑筋可以转得飞快。

“发散性”的思维模式，以整体宏观的角度来看待问题。即是俯视纵观问题的整体与细节部分，提供全面的解决方案，称之为全方位思考模式。它跳脱了一次只能解决一个问题的接续性思维法。

依据科学测量的证明，“大脑多向思考者”右半脑的神经冲动速度比左半脑快。

“大脑多向思考者”的思绪如同一只敏捷的狐猴，想象在这心灵的丛林里，狐猴从一棵树的树梢跳到另一棵树的树梢上，来回不停地跳动，以全方位的视角观察该事件（问题）的发生。而线性思维的人，他们就像是住在浓密森林里的陆行动物，不能拥有全方位的能见度，因此不得不在蜿蜒的小路上，循序直行。

对于自己拥有超群的智力，“大脑多向思考者”通常是无法理解的。

至多，他们只会说自己拥有“与众不同”的智力。要他们接受自己的智力高于他人，他们则会大声地反对说：没有这回事！其实，这是个吊诡的现象：当我们拥有越高的聪明才智时，会认为自己知道的事物真的很少，便越会怀疑自己，是否真的拥有如此高的聪明才智。因此“智慧超群”这件事，对“大脑多向思考者”来说，是个惊讶的事实，他们也常与自己争辩该现象。“大脑多向思考者”否定自己拥有高超智慧的原因是：首先，这是与他们所信仰的“平等”“博爱”的价值观相悖。同时来说，拥有高超的智慧即表示自己比“一般人”优秀，这也违反他们“谦虚”的价值观。最后一点，“大脑多向思考者”宁愿相信自己只是比“一般人”多一点“神经过敏”或“与众不同”，这样会好过些。由于他们卓越超凡，的确会让“一般人”排挤他们。所以承认拥有如此的聪明才智，只会更污名化他们自己，让他们无法融入人群。的确是的，有些“大脑多向思考者”肯定我的说法，他们承认这样的排挤效应会让自己承受孤独的痛苦。

然而，“大脑多向思考者”必须接受一个事实，便是将“真我”从“假我”中释放出来，真正地面对原来的自己。从童年开始，你的“真我”便被禁锢在又深又暗的地道下，现在你必须自己穿越幽暗的“忧虑”地道，勇敢地打破层层枷锁的牢门。

还记得这些层层封闭“真我”的枷锁吗？它们是被他人排拒的恐

惧感、与众不同的悲哀以及无法成为自我的愤怒。当你接收到外来信息时，这些枷锁屏障会混乱你的思绪，让你感到一种荒谬的痛苦，进而产生对自己莫大的怀疑。

如果用“自恋”的方法来重建“自我”，会过于暴力。可是要你独自穿越那幽暗狭长的“忧虑”地道，你会害怕。然而无法成为“自我”的愤怒，又如此强大，你要如何是好呢？为了不让“自我”的愤怒一直潜伏在内心深处，继续扩张，此时，“否定自我”的机制很快地启动了，你会对自己说：“无论如何，都是我做错了，我是笨蛋。”当下“大脑多向思考者”会将自己的缺点放大，甚至还会列出一长串的缺点清单。也因为如此，到现在为止，“大脑多向思考者”还一直保有“自己很白痴”这样的想法。

此外，“大脑多向思考者”知道自己常心烦意乱，不易专心，尤其面对生活上的琐事，经常出错。然而他们却忽略自己在面对重大挑战时所提出的解决方案都是非常有效而且迅速的。可是他们获得成功的绩效时，自己也会感到很讶异，并下结论说：“因为这件事很简单，所以容易成功。”但事实上，不管他们走到哪里，所做之事皆成功。这是因为他们反应迅速、高效率思考，因此事情可以做得又快又好。然而“大脑多向思考者”以为大家都跟他们一样，做的事情可以迅速达成，但并非如此。有时他们还是会很讶异地说道：身边的朋友们竟然会溺死在水杯里。[7]

马婷在一家家族企业里当秘书兼会计。公司里的行政管理简直是杂乱无章，账单常常淹没在一堆文件当中，导致付款或收款经常延迟。

两年内，她整理了档案，交付了延迟的货款，分类管理文件，也有效地建立了一套公司的行政管理系统。突然间，她对这份工作感到厌倦，因为几乎无事可做。同时，她也不明白为什么她的同事们不像她一样，善于整理分类。就如她所说："这是一件很容易的事！"她也不理解为何身边的同事开始排挤嫉妒她。为什么别人要这样对待她呢？单纯天真的马婷从不认为自己的智力优于其他的同事，可是她的同事们却这么认为！

单纯天真？其实不尽然。像马婷一样的其他"大脑多向思考者"，他们会不断努力地掩饰自己与"一般人"的差异。然而，一旦她自己听到了"真我"的呼唤，她一天会有十次以上问自己为何"一般人"可以拥有的能力而她没有。如果她真的去细想这些差异，将会发现这些"一般人"不但固执己见，还很平庸无趣。做事不但没效率，而且还缺乏逻辑性。但马婷克制自己不说出来这些发现。她觉得这些人的

⑦ 对于"大脑多向思考者"而言清楚又简单的事，一般的左脑思考者却还没领会、理解过来。——译者注

对话实在肤浅，见解也都是些耳熟能详的陈词滥调。而且他们的观点不时地带有尖酸刻薄的批评。“一般人”的陈述都太琐碎，太个人主义了。但如果我可以用一句话评论这群人，我会说：“他们就像动物一样，不懂得思考。”但马婷在未说出这句评语之前，她住口了，退缩了！因为此时马婷正位于“忧虑”地道的入口处，她没有说出想说的话，便立即回到“假我 VIP 贵宾室”里，继续讨好他人！

任意批评论断他人的行为或思考模式，不符合“大脑多向思考者”众人平等的信念。因此，“大脑多向思考者”不认为也不承认自己的智力优于他人。举个例子来说，想象一下，有一位奥运冠军有能力可以批评业余运动员的体能表现，然而他还继续坚持说我们两者没有什么太大的差异。事实是我们都知道奥运选手充沛体能的表现，当然会使周日才玩体育活动的业余选手相形失色，但由于“大脑多向思考者”的极度谦虚，这位奥运选手会一直嚷嚷着：“其实我也没什么特别厉害的！”在这时，用左脑思考的业余选手们，会很生气地把这些“特别的人”逐出他们的圈子外。

这个事实要说明的是，“大脑多向思考者”本身就不认为自己的智力优于他人，但还想玩一种“人人平等”的游戏。其实这种双方落差的解决之道，便是大方承认自己是位奥运选手。请你试想一种情况，当一位左脑思考者思索一个难题，有时会想了好几个星期都还找不出答案来，但你在几秒钟之内，便提出解决之道，你认为这是什么原因呢？然而，你还口口声声地说："其实我本身并没什么过人之处，只是这事情很简单而已。"可是你如此的"谦虚"，没有一个人会认为理所当然，而把这"谦虚"看成了"虚假"，因此你也可能招来他人对你的不信任。因为在你谦虚地回应时，你忘了考虑自己优越的智力。总结以上，如果你不招致他人的嫉妒或厌恶，其实也很难！我认为，许多"大脑多向思考者"在同辈中遭受到骚扰或排挤，是因为他们与"一般人"在智力上有所差距，以及他们"自认为"谦虚。

请勿将"谦卑"和"谦虚"混淆。不是你否认自己原本的情形，就会被他人接受，而是你只需简单地承认自己原本的情形。依据所有事实的结果，用你客观性的理智，说明自己，记得你没有吹嘘自己。因此，关于与"一般人"在智力上的差异，你最好诚实答复，即是承认自己原本的情形，这是一劳永逸的好方法。

为了使得"一般人"可以了解你的想法，你可以将这种说明分割成非常小的部分，解释给大家听，不要使用概括的陈述，试着用简单扼要的几句话来说明你的想法。举个例子来说，关于你做事态度的回答，你可以说："没错，我做事的确是很有效率（或者说我做事很有组织、计划性）。"你也可以说："没错，我就是对某件事物特别有兴趣。"或说："没错，通常我对细节的部分都很谨慎，而且对某些发生过的人事物，我的记忆都还很清晰。”如此，轻轻地带过你的过人之处，请多表现出你温柔善良及乐观进取的一面。这么一来，大家便可理解你、接受你。千万不要表现出一副稳重从容、高高在上的样子，对你同事说道：“对啊！我就是无法待在这儿却什么事都不做，我得要一直找事做才行！”

“一般人”对于值得尊重的人，会不吝啬给予对方应有的尊敬之意。但因为“大脑多向思考者”有与“一般人”不同的行为模式，而且还不承认自己本身的优点，这样的举止反应，反而会使得“一般人”倍感压力，还会让他们以为自己看错了你的优点。对于“一般人”来说，“大脑多向思考者”否认自己的特异之处，再加上过于谦虚的回答，实在是一种冲突的行为。因为你谦虚的回应，更会让他们感觉到自己实在太差了（我知道这么写，会得罪“一般人”！）。我的咨询者丹妮讲了很多关于她的“一般同事们”做事情时非常缺乏逻辑性的例子，这也使得她很苦恼。我试着对她说，并非所有的人做事都是符合逻辑。可是她很生气地回应道：“但是，你只要在行事前的五分钟，好好静下来想想如何处理事件便可以了。我认为这是每一个人都可以做到的！”丹妮不理解的是，并非每个人都可以在事前好好思考而后行事的。从一个绝对的角度来看，如果你对一个傻瓜说“你是傻瓜”，那么其实是徒劳无功的，因为当事人本身并没有意识到这一点。

然而，当马丁听了我说明“一般人”的直线思考与“大脑多向思考者”的发散性逻辑思考的差异后，他终于明白，多年以来为何自己在超市排队结账或机场等待行李检查时，会经常生闷气，而且还会对这些他认为“很蠢”的服务人员大呼小叫。如今他了解了人们有不同的思考模式，因此造成为人处事的不同。现在他对自己的行为感到非常抱歉，红着脸对我说：“我很后悔过去的态度。”不像马丁与丹妮这两位后知后觉的“大脑多向思考者”，耐莉早已明白他们来自两个不同星球，有不同的行为和处事方法。耐莉微笑着对我说：“其实我早就知道诀窍了，我知道如何与‘一般人’共事：首先，我会先确认他们是否理解我的需求，然后我会让他们依照自己的想法、节奏去完成这件事。但在过程中，请记得要有耐心，不要从中干预，混淆他们的思绪与步骤。即使不用我的方法解决，其实事情到最后也可以做得很好。”没错，耐莉的想法是正确的。“耐心”与“善意”是沟通的先决条件。

因此，当我们了解到“一般人”的线性思考模式与“大脑多向思考者”的差异后，“大脑多向思考者”不会因“一般人”的想法、所做的行为而受到伤害，同时也清楚地知道“一般人”对于“大脑多向思考者”的误解。如此一来，彼此都可以用客观的角度，来看待相互间的不同。

“一般人”是怎么想的呢

“大脑多向思考者”最常提出的问题是：“那么‘一般人’的思考模式与‘我’有何不同呢？”一旦该问题被提出时，我们便来到相互理解对方的阶段了。

前文我们已经谈了很多有关“大脑多向思考者”的思考模式，这群人的大脑右半球是比左半球发达，而且神经冲动速度也较快。若我们说“大脑多向思考者”（右脑思考者）约占全球人口的15%~30%，其实也就是说明这世上有70%~85%的人属于左脑思考者，用不同半脑的神经系统主导其思想与行为。由以上的数据来看，我们可以了解到“用左脑思考”的这群人是属于在“标准常态规范”的思考者，我称这群绝大部分的人为“一般人的思考模式”。而“大脑多向思考者”则是被他们右脑的神经系统所主宰，因此便产生与“左脑思考者”不同的思考模式与行为举止。吉尔·泰勒在她所写的《左脑中风，右脑开悟》一书中便详述了当经历左脑中风后，她只能单独使用右脑思考时，整个人生产生的巨大的改变，以及她的发现。

吉尔提供了许多非常有价值的信息，让我们了解到当一个人使用左脑或右脑思考时，整个人在思考与行为模式上，会有不同的表现。同时在她自己的案例中，也说明了一个潜在严重的医疗问题：吉尔曾说到当自己无法使用左脑时，她本身的行为与思考的模式几近于亚斯伯格症患者，这的确是令人感到惊讶的事实。在中风期间，她自己也感受到个性与价值观的转变。所以，我们便想要问，以“左脑主导思考”的人，是一个怎样的人呢？

“一般人”的大脑神经系统

与“大脑多向思考者”相比，“一般人”的五官敏感度是相对较差的，尤其是嗅觉，显得更薄弱。再者，对于觉察琐碎细节的能力，也相对不谨慎，同时也缺乏洞察力。所以，“一般人”不会拥有什么千里眼、顺风耳或松露鼻等高度敏锐的感官。因此，这也可以解释为什么“一般人”通常会忽略琐碎的事。针对一些细节的部分，他们经常会记不住或有记忆模糊的情况发生。

由此可知“一般人”对于吹毛求疵的程度一定是比“大脑多向思考者”低许多，当然也就不会如此强调“完美”。同理可证，“一般人”也就不会问太多的问题，因为这样比较好说明他们自己的成就表现。首先，我们先说明“一般人”的“瞬间刺激反应的联想机制”（inhibition latente）是处于自动模式的状态：也就是说所有与当下该事件无关或无用的信息或突然间有令人担忧的事件产生，只要与当下事件无关，当事者都会将其置之脑后，一点儿都不费力。因此该机制有助于“一般人”集中注意力，保持专注的状态，也不容易被周围环境影响而分心。举例来说，当“一般人”在纷乱吵杂的环境中对话时，其实还是可以很清楚地认出对方的声音。另外，若对方谈话者的论述逻辑符合“一般人”的线性思考模式，那么两者的交流会显得更轻松。尽管音乐开得再大声，对他们的对话也不会有太大影响。同时，相较于“大脑多向思考者”，“一般人”更喜欢震耳欲聋的音乐、闪烁的灯光、霓虹灯招牌，还有所谓的“装潢布置”，另外再加上无所不在的化学合成香味。因此，对于所有可以刺激感官的花花世界，都会让“一般人”感受到许多快乐，有“活着”的感觉。以上的说明是否会让“大脑多向思考者”感到很惊讶呢？

相较于“大脑多向思考者”，“一般人”比较粗枝大叶，他们不会注意到对方说话时，所有的用字遣词及声调的变化，同时也不在意对方的肢体语言想传达出来的意义。因此“大脑多向思考者”不用去期待“一般人”可以通过你言谈中的只言片语，了解到你想传达的信息。“一般人”不会去想那么多，也不像你这般敏锐易感。那么我们要如何惹恼“一般人”呢？只能通过有很强侮辱性的字眼来批评他们，这群人才会有感觉。不然，剩下的一切，“一般人”都是不会在乎的。

吉尔·泰勒也说到当她自己还使用左脑时，比较少表现出个人的情绪，但会经常有焦虑的现象发生。

可是在她的左脑中风后，她强烈地感受到对情感的需求。之前由于受到左脑的主导，对于鼓励的字眼，她的感受度非常低，也无法感觉到对方友善、鼓励的动力。然而当她受到右脑主导时，对于鼓励词句、情感或友情等的感受非常强烈，突然间，她也能察觉到人与人之间交流的能量，她说与人交流时，能感受到有些人会掏空她的能量，因此会迫使自己关上沟通大门。

然而，来自他人的善良美意，可以让她重新开启沟通的桥梁，也是让她重新获得能量的来源。她很清楚地说道，若是没有来自亲友间的情感鼓励、长久支持与耐心热情，她个人是无法康复的。对于“大脑多向思考者”来说，强烈地需要他人的情感、鼓励与耐心，是非常重要的，不是吗？你可以在瞬间读出对方肢体语言中欲传达的意义，了解到对方的心思；在冥想的状态中，你可以感受到与宇宙融合的经验。因此，对吉尔而言，这一切右脑主导行为的经历，都是新的启发与经验。当然对于曾经浸淫于宇宙大爱里，及接近大自然察觉到万物情感的你们，这些历程都不是“一般左脑思考者”可以经历到的认知体验。

“一般人”的思维模式是线性化、一个接着一个的。我们可以将“思绪”这个动作，比喻成绑有很多结头的长绳。当“一般人”遇到事件时，他们是一个接着一个打开接续而来的结头，往直线迈进，有条不紊地推展自己的论证。显然，如此思维的方式会花很长的时间。对于“大脑多向思考者”而言，当面对一位线性思维的交谈者时，可能会让你急得跳脚。尤其当你早已知道对方思绪的长绳可能是长之又长，而且思索绳上还有一堆大大小小的结头时，更会让你火冒三丈。相对于“一般人”，“大脑多向思考者”早已发现这些琐碎细节处，而且你的大脑早已开始运转，思考如何跳过这些结头，直接抵达长绳的尾端。因此，如果“大脑多向思考者”在“一般人”正在思索时，突然提出建议方案，此时“一般人”会多多少少耐心地听完你的想法，最后还是在刚刚被你打断之处，重新开始思索。他们会按照流程步骤，一步一步完成他们的逻辑，打开绳结。不要强迫别人放弃自己思考的逻辑绳结，这一点对“大脑多向思考者”来说很重要。如果你强制要求对方按照你的想法，如此一来你会惹恼对方或搞得对方很困惑！那是因为如今的教育体制采取的是直线性、有先后顺序的教学方式。

这也不是说发散性的思考有任何不对之处，只是在我们使用线性思考时，可以让我们从该事件的“中心”出发，理解事件的本身，有时在当我们还未理解整个事件前，我们早已记忆下来。线性思考的模式，有其先后顺序，从大重点到小细节：例如：第一章→第一节→第 1 点→第 1.1 点到 1.11 或 1.111 等。你们还记得玛依吗？这位女学生要在课堂上发表一篇有关于意大利文艺复兴时期的报告。如果她按照以上线性（阶段性）的思考呈现她的报告，那么这个报告将会非常类似老师上课教材的内容，有条有理，脉络有序，当然玛依也会得到满意的成绩。有先后顺序的思维方式，如同一列火车顺着轨道，持续往前开进。就长期的观点来看，会给人稳定、一致性的感觉。然而“一般人”的线性思考模式，缺少的是创新的见解及不一样的想法。他们永远不会发现问题，尽管从整体来看事件的规划方式非常有条不紊、清清楚楚。

“一般人”的情感世界

相较于“大脑多向思考者”，“一般人”对于情感的需求是比较低的。“大脑多向思考者”认为肤浅、表面的人际关系，对“一般人”来说，便已经足够了。“一般人”喜欢谈论世俗八卦，驻足时下流行的地方，偏好分享相同理念的事物。“一般人”聚在一起的原因，其实都是为了找乐子。因此，这些行为也很符合他们自己的思考模式。

“一般人”喜欢一群人聚在一起嬉耍玩闹。因为“一般人”不觉得有任何必要去改变这个世界，因此也不会针锋相对地讨论该议题。若你建议“一般人”用另一种思考方法，他们也不会认为有必要性，那是因为他们的逻辑正符合当代的思考模式。因此，激烈的言论或革命性的思想，会让“一般人”却步，他们会转向讨论其他议题。而且“一般人”不喜欢将自己的内心世界剖析，用一种内省的角度来检视自己，因为怕引起不必要的忧虑。只有当“一般人”感觉到心情很糟时，他们会使用私密或联络熟人的方法，来谈论他们内心的世界。而此时“大脑多向思考者”喜欢倾听并具有同理心的特质，正是“一般人”所需要的。然而一旦“一般人”心情恢复后，他们会重新拉开与对方的距离，再度找回自己舒适、愉悦的空间，再跟大家一起闲聊找乐子。因此，这种情况对“大脑多向思考者”来说，是很难接受的。因为当一位“一般思考者”心情低落时，一位“大脑多向思考者”一直在旁边耐心倾听以及鼓励他，这会让这位“大脑多向思考者”以为自己终于找到知心好友，然而他却失望、困惑了。此时，这位“大脑多向思考者”便会得出一个结论，就是这些“一般人”只有在他们心情不好时，才会找他诉苦，利用完并心情平静后，便不再联络了。当然，这会使他们忿忿不平，怀有怨气。我要说明的是，这一切都是“大脑多向思考者”的错误解读：因为对于“一般人”来说，深层感性的知己对话只有在心情低潮时才会发生。

此外，“一般思考者”也喜欢批评论断，尤其针对不合于常规或准则的人或事物时。对他们来说，批评论断不是一种排挤的行为，而是希望该人或事物可以加强改进。因此，他们喜欢对生活在周围的人或事物发表评论。然而，如此的举措会让“大脑多向思考者”感到不舒服，他们很不喜欢在低迷或者指责的气氛下生活。在丹尼尔·塔米特所著的《拥抱无垠的星空》一书中，说明了在人类社会中，谈论流言蜚语的行为是一种社会功能，这与一群猕猴在团体中大家相互抓跳蚤的道理相同。

所谓的“谈天说地”，其实是建立社会群体关系的一种方式。其实这种联系方式，所注重的部分是在于评论某人做了什么事，较少专注于道人长短上。如此的人际关系行为背后有其隐含意义。然而这是“大脑多向思考者”不擅长的部分，他们无法了解为何“一般人”总是在聊别人的八卦，那是因为“大脑多向思考者”本身并不需要在群体中相互抓跳蚤、虱子。

左脑使用者的心智模式

个人主义

“左脑使用者”趋向于个人主义，我们也可以说是以“自我为中心”的主义，然而“右脑使用者”偏好的是集体主义与利他思想。我相信“左脑使用者”的心智肯定让“右脑使用者”感到吃惊！的确是这样的，尤其在“分享”这个价值观念上，有其大大的不同。吉尔·泰勒也坦承自己左脑的想法的确会让她的右脑感到讶异。在吉尔左脑中风恢复的期间，自己也对她之前所拥有的个人主义、小家子气的贪婪想法等，感到不可思议。她发现“之前的自我”是随时准备评断及指责他人，而且一定不会错过任何一件小事！“一般人”的个人主义大多趋于结构导向甚于自愿行为。“一般人”与他人交流时，他们会将重点摆在彼此的差异上，然而“右脑使用者”在与他人沟通时，却一直在寻找将两人关系拉近的所有可能机会。

为了能够完整地建立“自我”，人们必须能够区分他人与自己的差异性。因此，我们发现“大脑多向思考者”竟是如此缺乏自我意识，更缺乏对自我的认同。他们只晓得“集体共同合作”。所以他们无法忍受孤独寂寞，尤其当与伴侣分手时，这种情况尤甚。佛罗伦萨分享了她对亲密关系的看法：“一旦有人走入我的生命中，我就绝对不会让他离开。对我而言，人生如戏。所以，每个人都必须扮演相对应的角色。如果剧中缺少了某个演员，我们得要重新改写整个故事的情节，更新所有的对白。”对于一段破裂的关系，佛罗伦萨继续说道：“我与这个男人分手时，我整个人觉得失去了一只手臂。”

佛罗伦萨的说法同时也点醒了我：因为“大脑多向思考者”的思维是以整体的角度来看待某件事物，也就是对方与我无异，我们是一个生命共同体。我的伴侣，就是我整个人的另一半。因此，主张个人主义的“一般人”对于这样的想法，可能会无法理解。通常“一般人”会说：“我的伴侣并不是我。”或者更荒谬地说：“哦，如果我的腿断了，[8]唯一的办法就是去看医生吧！我才不在乎呢！”现在“大脑多向思考者”终于知道为何心理操纵者能够控制你了吧！因为只要操

⑧ 指与亲密伴侣分手。——译者注

控者一旦确认他是你的大腿，他只要不断重复地说："能够成为你的腿真好啊！"[⑨]（对不起，我实在忍不住想这样说。）

"大脑多向思考者"将生命的旅程，看成是一个巨大的花园，将茫茫的人海视为无垠的花草树木。

而这个大花园是属于每一个人的。你会想说："花园里有各式各样的植物，真好！不然这个花园一定很无趣呢！如果眼前有一大片树丛及花海，哪种风景是最美的呢？又要如何选择取景拍照呢？我们每个人不能离开这座大花园，有时我们可以选择离开花海，去看树丛；有时我们可以选择远离树丛，去看看花儿。因为我知道无论我做何种选择，我们都是会再次相遇的。"以上比喻的说法，让我们了解了"大脑多向思考者"可以接受所有的不同，也道出了他们处在一段破裂的关系中时，具有很强的忍耐度，对他们而言也是深深陷入此困境当中，进退不得。

相反而言，当"左脑使用者"看到相同的一片丛林风景时，会把这种风景看作是个独立的花园，四周竖起高耸整齐的围墙。花园里，花草树木的分类，非常清楚，可以区分出你我的界线。分门别类有助于将不同的事物区隔，也容易与该事物决裂。也就是说，当"一般人"对花园的景色厌倦时，只要简单地选择离开即可。因此，我们可以理

⑨ 因为"大脑多向思考者"会把对方当作是自己，不断地满足对方的需求。而心理操纵者最擅长的便是花言巧语、用尽心机。——译者注

解为什么“一般人”需要对他人进行分类，打量对方，与自己相互比较，因为这座“一般人”的花园，可以测量，得知面积大小，也可与其他的花园相互比较，更重要的是这座花园是私有财产。这座私人花园是属于左脑使用者的，这群人偏好于计算测量，喜欢拥有资产，明明白白地定义出自我领土的范围界线。

结构式的个人主义说明“左脑使用者”缺乏同理心而且“小气”，相信“大脑多向思考者”会对此思考模式感到惊讶。简单来说，如果你是个左脑使用者，来到一个鸡尾酒与自助餐的场合，你可能会大拿特拿长桌上的所有食物；但如果你是个右脑使用者，你可能会说：“我觉得每个人拿食物时，都应该节制些，这样大家才有得吃。”随后，你便拿起适量的食物。

但如果我使用左脑思考，我可能会说：“看来大家都是拿得轻松愉快，所以我也不在乎，而且如果我现在不拿，更待何时？”请问你认为哪种人的想法是比较合情合理的呢？你很清楚地了解到这个世界上有 70%~85% 的人，他们的想法是属于个人主义，你认为他们的行为举止合理吗？啊！我听到有些右脑使用者正在愤怒地抗议说：“对啊！每个人都应该节制自己的行为，合理取用。”来吧，解放你的真我吧，“大脑多向思考者”！你没有办法在一个晚上告诫所有的宾客，尤其是当中有 85% 的人都需要再教育！

这便是“大脑多向思考者”的矛盾所在：他们对待每个人都是平等的，但同时也希望自己能够像“一般人”一样。尤其是“大脑多向思考者”的特质不会放弃自己所坚持的信念及自己所认为正义真实的事物。所以在事实上，他们更希望所有的人都能像他们一样，也就是在这次自助餐宴会上，每个人不应该肆无忌惮地大吃大喝，罔顾他人！没错，“左脑思考者”是“太”个人主义，而且有时自己觉得还不够，想要更多。如果真是如此，此时正是你好好学习照顾并且爱自己的时候。

有人认为“大脑多向思考者”一直希望自己能够活得像“一般人”一样，事实上，这个想法从刚开始就是错误的。让我举个例子来说：“大脑多向思考者”就像是一位音乐家，不时地想作大家都喜欢的曲子。因此，你开始抱怨人们对音乐都不感兴趣。但是，如果有人要求你组个乐团，找些乐手，你可能会被激怒，并回复说：“可是大家都是很优秀的音乐家！每个人都有权利作自己想作的音乐！如何将这群人组在一起？”没错，既然你了解每个人都有自己的喜好，因此我们也有权利不喜欢音乐，而选择自己爱好的足球吧！

事实上，“大脑多向思考者”的目的就是想找到志同道合、对价值观有所坚持的人，他们拥有相同的价值观，你们可以相互交流。同时你也知道在“一般人”的身上，你找不到相同的坚持与信念，但别忘了他们有权利这样做。

灰色的价值体系

个人主义的价值体系相对于“大脑多向思考者”的价值观来说，当然是较不严谨，也不绝对。这里我所说的是属于观点的部分。由于“一般人”的价值观不像“大脑多向思考者”这么绝对，所以在实务上，“左脑思考者”的价值观便显得弹性灵活多了。“一般人”的思维喜欢中庸或模棱两可的事物……没错，也就是倾向“温和”的人或事物！对于不正义的事件，“一般人”也不太敏感。这种反应其实对他们来说，也是完全正确的（因为可以免去过多的担心）。因此，他们更不会发现你敏锐的感受度与观察力。另外，他们的推理逻辑中也有属于宿命论的形式：“左脑思考者”可以接受这个不完美的世界。因此“大脑多向思考者”会很惊讶地发现，“一般人”的价值观与他们正好完全相反。维若妮卡讶异地说道：“在我的印象中，如果社会上突然发生一件严重事情，根据‘一般人’的暗码语言，他们说出来的都是‘最好社会不要太乱’等字眼。大家会选择保持沉默，尽量不卷入是非当中，抱着大事化小、小事化无的态度。如果有人大声谴责这是一件不正义的事情，大家会把这个人看作是一个麻烦制造者。”但有趣的是，“左脑思考者”却也常在他们自己的小圈圈里兴风作浪。“右脑思考者”俨然是个专门制造问题者，而“左脑思考者”则是一位专门调解事件，稳定社会秩序的人。

对于“左脑思考者”而言，评断外在的事件或指责他人，都是一些很正常的行为。然而他们却很少批评检讨自己。你认为在日常生活中，“左脑思考者”常会不断地追问或评判自己吗？不会的，他们一点儿都不会。基于这个事实，我们也就不用过度期望“左脑思考者”会有反省自我的行为。因为他们对这个社会上的一切都能很好地适应，所以也就不需要一直努力提升、改进自己了。

“眼见为实”是“左脑思考者”所秉持的道德观！“一般人”在一般情况下，不容易产生罪恶感，然而对于“羞耻心”却又非常敏感。当有一位“左脑思考者”在大庭广众下，做出违反社会秩序或不诚实的行为并被当场逮捕时，他为了保住自己的面子，会辩解自己的恶劣行为。然而对一位“右脑思考者”来说，则并非如此。当他面对自己犯错的行为时，会主动承认并且承担自己的过错，并设法弥补这个过失。

自我感觉良好

“左脑思考者”的大脑本来就不是用来生产疑惑或问题的一座心智厂房。因此，这也让他们可以四平八稳地坐在“确定性”的沙发上，肯定自己。也由于他们的思维方式并非发散状，所以也不会四面八方去寻求各种答案的可能性或寻找失败的原因。

因此，“左脑思考者”采取行动时，通常都是满怀自信心与确定性。他们相信自己是个好人，身处于正确的地方。有的人更认为自己很有能力，也从不怀疑自己热情的所在。“一般人”很放心，也很确认自己的想法和行为，那是因为这世上有70%~85%的人都跟自己一样。因此，“左脑思考者”容易建立“自我”的认同，在这个社会上找到属于他们的位置，感受到自己被群体接纳，渐渐地形成个人的“自信心”。也由于以上所有的条件都会让“左脑思考者”觉得自己才是真理（真实的存在），这也就是他们为什么有时会毫无顾忌，随意地论断他人。

如何在“一般人”中间生活下去

对于“大脑多向思考者”的喜怒无常与多愁善感，“左脑思考者”是相当困惑的。前文已说明“左脑思考者”不善于发散性的思考与同理心的分享，这是由于他们大脑结构的缘故。他们擅长做的事是批评与论断。我再次说明，“批评论断”对“左脑思考者”而言，不是一个负面的行为，而是协助该人或事物改善、进步的方法之一。因此，尽管在他们善良的想法中，在他们论断他人时，并没有意识到这些行为会产生巨大破坏性的影响，尤其对“大脑多向思考者”而言。依照左脑思考者的价值观，他们通常会把“大脑多向思考者”的人格特质视为负面价值，批评这些人不成熟、不稳定，过于天真、过于情绪化，以及他们问了太多的问题“左脑思考者”还认为“右脑思考者”的特质就是会把生活搞得很复杂，产生许多不必要的麻烦；也认为这些人什么都想做，但什么都做不好，甚至还说他们做得太多了。

毫无疑问，对“大脑多向思考者”来说，长期活在“左脑思考者”的否定论断下，会让他们感到痛苦，也难以忍受。“左脑思考者”常对“右脑思考者”说下面这些话：

“你的想象都是天马行空，你的担心也都是没有根据的。”否定“大脑多向思考者”意识到危险的存在。

“你在意太多事了。”否定“大脑多向思考者”拥有丰富情感的存在。

“你太敏感了。”用文字暴力否定“大脑多向思考者”。

你可以试想“大脑多向思考者”长期听到以上对他们否定的用语，当然会更加怀疑自己，更缺乏自信心。举个例子来说：你明明看到天空是蓝色的，但假如有85%的人都对你说“天空是红色的”，请问你的信念会坚持到何时呢？

“左脑思考者”对自己充满了确定性，也相信和肯定自己，用简单的信念贯彻他们所信仰的真理：“要有成功的人生，就必须努力工作。”或者淹没在自己美好的感觉里，说些空洞的话安慰自己：“日子总要过下去啊！”当面对失败时，他们还会对自己的智慧很自豪，并说道：“塞翁失马，焉知非福。”同时，他们还会给“大脑多向思考者”自以为很棒的建言：“算了，别想那么多了。往前看！你会遇到更好的人，重新开始你新的生活！”然而这些适用于“左脑思考者”的建议，对“右脑思考者”来说，可是一点儿都不实用。

“大脑多向思考者”：“要我不要再想了？怎么可能不去想呢？有个不分昼夜全速运行的大脑涡轮发动机，我都不知道开关在哪里，如何关闭这些想法！怎么可能不去想？”

“要我忘了过去，往前看？我不知道“左脑思考者”是如何看待‘分手’这事的。对你来说可能只是一个小小的擦伤或刮痕，可是当你知道我的一只胳臂断了，我要如何继续往前走？”

“你可以开始认识新的人？这么快？我已经从我过去的分手中康复了吗？下次的恋情，我得要更加小心些。“左脑思考者”重新开始与不同的人约会，在他看来这跟呼吸空气一样简单！但要我重新开始新生活？生活不是‘重来’，是要继续面对这个烂摊子。直到哪天我完全将这件事融入我生命的风景中为止……”

所以，你可以看到，“左脑思考者”与“右脑思考者”的想法实际上非常不同。你也可以说这两者来自不同的星球，所以你所感受到的差异是“客观”的。因此，也希望“右脑思考者”不用再期望自己会变得跟“一般人”一样。在这个世界上，至少还有15%~30%的人，跟你有相同的想法、信念与价值观。因为你们不同于“一般人”，便将自己隐藏在茫茫人海之中，并企图否认自己的存在。此时，正是将你的特异之处表现出来的时候了。

如何拥有找到对自己有益的人的慧眼

通过以上的说明，现在你可以很容易分辨出你交流的对象是位左脑思考者还是右脑思考者。但我们还是要学习可能存在于我们四周的“心理操纵者”。若想要进一步了解“心理操纵者”，可以参考我之前的作品，该书中详述了“操控者”的情形与行为。尽管“大脑多向思考者”不接受人们有其天生的差异性，但我还是认为了解左脑思考者、右脑思考者的差异及操控者的个人特质非常重要。我必须很沉重但坚定地对“大脑多向思考者”说：当你遇到“心理操纵者”时，你所能做的就是逃离他，别无他法。的确，我实在很难过地对你这样说，但事实的确是如此。“心理操纵者”真的是非常危险。然而，当你遇见“左脑思考者”时，情况则不同。如果你不一直追问他们“为什么是这样做而不是那样做”等问题，那么这群人的确是可以让你受益良多。同时我希望你能够放下他们的意见与批评，而是去发现“左脑思考者”与生俱来的优点：例如，当下简单的温暖、快乐单纯的嬉闹时光、个性的沉着稳定……

为了将“大脑多向思考者”的智力发挥至极大化，最简单的方法就是找到你的同类，与他们聚在一起，共享相同的价值观、幽默感及敏捷的思维，当你们在一起时，可以轻易地察觉到对方的情绪，也可以共同讨论人生哲学的问题等。想想跟这些人在一起是多么有趣啊！

终于有人可以了解你的只言片语，终于有人可以知道你的想法，终于有人可以激发你的想象力。同时，你也可以在这群同类人当中，找出一个适合发展亲密关系的对象，共同分享一些激荡的对话、私密的语言，因为他跟你拥有相同的价值观。最后，你终于可以放松心情，潜心于你们信仰的价值体系。

但要注意的是，由于“大脑多向思考者”是个潜在的情绪炸弹，所以千万不要与亲密伴侣一起引爆！请维持你的敏感度，非常小心地看护你的情绪。

保护高度脑力开发造成困扰者协会对于情绪管理列出了一套自我管控的方法，我们称之为“预防大脑过热准则”（请参阅 GAPPESM 的网站：http://gappesm.net），这些自我情绪管理的方法，希望可以帮助“大脑多向思考者”经营他们的人际关系。我摘录一段“预防大脑过热准则”里的内容：“每一位与‘大脑多向思考者’在一起的亲友，首先必须了解到‘大脑多向思考者’拥有一颗‘发烧过热的灯泡’大脑，因此他们特别敏感，甚至可以说是反应过于激烈，有时情绪高昂，有时跌落谷底。当情绪激动时，由于缺乏说话的技巧及深思熟虑，他们说出来的话，会不经意地中伤对方，也通常会深深地刺伤对方的心。”

没有任何办法可以承受过多的爱

最后也是最重要的一点是："爱"是"大脑多向思考者"人际关系中的情感问题。就"一般思考者"的角度来看，"大脑多向思考者"是一位会给予对方很多爱的人，不管是从质还是量的方面来说，他们都爱得太多了。"爱"的价值在"大脑多向思考者"的价值观中，无疑是属于"完全绝对"的概念。但具有讽刺意味的是，他们所坚持的完全绝对的"爱"，正与如今社会的价值观发生冲突。"大脑多向思考者"表达"爱"的方式，来自于"尊重"和"温暖"方面。

从心出发

"大脑多向思考者"与生俱来的本能，便是对所有的人或事物都赋予崇高的意义。本书的刚开始即说道"大脑多向思考者"一切的行为和处事方式，都是以"心"的想法为基准。更确切地说，他们所做的一切事情都是从"心"出发，因此，无论做什么事、面对什么人，都不可避免地会带有情绪（当"大脑多向思考者"聚在一起时，大家也都会有相同的特质，拥有易感的情绪）。但也由于你们全观的思维模式和发散性的思考串联，当你碰触某人或某事物时，都会引发你的联想。"对啊！这件毛衣虽然很破旧了，也起了毛球，我还是没办法扔掉它！因为我曾穿着它在U2的演唱会上。还有我第一次吻茱莉时，也是穿这件毛衣！”我知道这些话会让你笑话，但这件毛衣已成为一件神圣不可侵犯的物品了。

从以上的故事来看，若以“一般思考者”的角度，会认为“大脑多向思考者”是联想式的多愁善感或者可以说是“神经质”。但我会说“大脑多向思考者”的想法是属于启蒙的“万物有灵论”(animisme)，也就是说当“大脑多向思考者”走过每个地方、触摸过每个物体、遇到每个人时，他们都会付出自己的灵魂，深深地将这些人或事物刻在心坎里。所谓的“万物有灵论”其实是一种思想的系统，认为我们身处的大自然是一种流动的状态，每个事物都有一个精神实体或灵魂的存在。“万物有灵论”不是一个简单肤浅的说法，而是所有宗教原始起源的模式，具有崇高的神圣感。因此对“大脑多向思考者”来说，众生平等，万物皆值得尊重与重视。

其实“万物有灵论”的想法，已经大量地体现在某些东方国家中，当地的多数人多以“右脑思考者”为主。在他们的日常生活中，每个行为举止的背后，都有其社会仪式或风俗习惯的意义。

在东方，有些文明尚未被西化之前，存在许多神圣的仪式与风俗。对西方人来说，这些古老的仪式风俗也许难以理解，有的还会被认为是奇怪或愚蠢的。例如，法语“salamalecs”译为“过于夸张的礼貌”，即含有贬抑的意味在其中，然而该词原本在土耳其的意义是指两人相遇互打招呼的同时建立和善对话的礼节。在日本，仅就喝茶这件事来说，也是个复杂的仪式。然而对于“大脑多向思考者”来说，其实可以很容易接受这些东方的礼仪风俗。因为他们可以了解这些行为中细腻又含有敬意的暗喻逻辑。其实这个道理再明白不过了：当我们将灵魂投注于当下所做之事，并投注大量的精力与时间时，我们会获得活在当下非常强烈的感受。举例而言，用日本茶道的方式来品尝一杯茶，你会得到前所未有、无以比拟的茶香。选择活在当下，拥有宁静和谐及感念，其实也是种智慧，而非是一种不成熟的情感表现。

“大脑多向思考者”对情感的强烈需求是场天大的误会

若以“一般思考者”的角度来看，认为“大脑多向思考者”对情感的需求是非常强烈而且也不合时宜的。没错，“大脑多向思考者”的确是需要很多的亲情与感情。小时候，这些“大脑多向思考者”常常被叫作“强力胶”，总是黏在妈妈围裙的后面。因此，我们便会产生一种错误的想法，认为他们在情感上不成熟。

“一般思考者”会把这些对情感需要的表现行为，看作是一种“情感的真空”，然后自己诠释这些人非常需要爱的关怀。因此，他们也把自己的诠释告诉了“大脑多向思考者”，说你们真的非常需要爱的关怀。结果，“大脑多向思考者”竟然也接受这样的说法，被它制约了，相信自己时时刻刻需要情感的依靠。以上的说明与“大脑多向思考者”自身拥有“真空的自我”与“虚假的自我”有关。

然而，对“大脑多向思考者”的爱情心理机制而言，“非常需要爱的关怀”的说法其实是一个莫大的误解，而且是荒谬的认知。其实这个需求与给予的情感机制，对于“大脑多向思考者”来说，正好是相反的。事实上，他们本身即拥有大量的爱，当他们接收到他人的情感时，会受到感动，因此毫无保留地给予对方更多的爱。

现在我们假设“大脑多向思考者”是个缺乏爱（情感）的人，也就是说他们心中有个“爱”的大坑洞，需要其他人来填补。那么我相信他们一定没有办法跟“心理操纵者”共同生活（或生存）超过半天以上！正是因为他们拥有许多爱，所以愿意去给予，愿意去分享。由于“大脑多向思考者”是个充满爱的人，而此时“心理操纵者”的出现，“心理操纵者”的感情世界是如此的空虚，正好让“大脑多向思考者”有机会给予对方大量的爱，但最后“心理操纵者”会将这口爱的水井，汲取到干枯为止。我的一位“大脑多向思考”咨询者证实了我以上的说法。她提及刚开始她与男友的关系是处于恋爱的状态，但到最后她发现她的男友不但是个操控者而且还很清楚我的咨询者是个什么样的人。因为她的男友在写给她的信里说道：“你的爱如涌泉，源源不绝。”正因为“大脑多向思考者”认为填满“爱的水库”是自己的一种责任，也是一种快乐，所以，他们尽可能地给予对方无限的爱。一方面，他们认为给予无限爱的关注，可以让对方平静下来，另一方面，他们自己也觉得有必要完成填满“爱的水库”的使命。所以，“大脑多向思考者”并非缺乏爱。

既然“心理操纵者”本身不是“爱”的水库，所以他们不会给予他人关怀，也不需要对方注入大量的爱。因此你的爱是枉然的，就如将一滴水投注于干涸的大地中。其实这正是许多“大脑多向思考者”二三十年来不归路的写照。这同时也说明了“大脑多向思考者”本身拥有源源不绝的爱，即使没有其他爱的注入，他们还是可以持续地给对方灌注许多关怀！那么他们到底在哪里找到了这股庞大的力量，可以持续投入无限的爱呢？当他们身处于情感荒漠与受虐关系中时，又如何能够维持如此的乐观、朝气、活力和爱呢？

经常会有“大脑多向思考者”对我说，其实他们的心中有个秘境，对这秘境有很强的依恋感，因为这个秘境可以唤醒他们心中无限纯真的爱及流动的丰富情感。他们把这个秘境归于他们的前世或星界之中。对他们而言，秘境对他们的召唤是如此痛楚，有时还会让他们的双眼垂泪：因为他们知道在这个世界上的某个角落，存在着一种无法形容、非常强大且扣人心弦的爱。然而，持续对这个秘境的怀念是无法改变事实的，因为这个秘境早在“大脑多向思考者”感受到它之前，便已存在了。记得吉尔·泰勒说过，当她使用右脑时，突然发现自己愉悦地沉浸在宇宙的大爱里。其实那就是秘境了，秘境提供“大脑多向思考者”源源不绝的“爱”，它是“爱”的发源地。“丰富强烈、无边际的爱”是“大脑多向思考者”爱的特质。他们的“过于善良”，只不过是“大爱”中的冰山一角。现在我相信你也了解到他们的善良为什么是属于自动模式，无论什么人都可以开启。因为他们的爱是取之不尽、用之不竭的泉源。然而，对于“一般思考者”而言，却将这源源不绝的“爱”视为是负面的表象。

有些人难以理解“大脑多向思考者”为何拥有无限的善意，便处心积虑地恶意测试，这些人正是心理操纵者，他们不相信世界上竟然有人可以无条件地给予别人大量真诚的爱，让你予取予求还不用反馈，这实在太令人不敢置信了！心理操纵者认为“大脑多向思考者”给予他人无限的善良真诚，目的是购买别人的“爱”。基于这种想法，心理操纵者趁机利用并操控“大脑多向思考者”。

有人认为“大脑多向思考者”需求强烈且大量的情感，这实在是非常大的误解。以情感需求的例子，我们可以用另一个角度来解读亚斯伯格症的“冷漠”。我相信大家都同意以下说法，他们本身不需要情感：不是因为他们本身对情感的需求很低，而是他们根本没有必要对外寻求情感支持。因此，我非常肯定亚斯伯格症患者本身已经拥有非常多的爱，跟“大脑多向思考者”一样。不同的是，亚斯伯格症患者不知道将他们自己的情感给予谁，有谁可以接受，所以放弃给予他人爱的关怀。这样也就可以说明他们忧郁的原因。但是我们别忘了亚斯伯格症患者是乐于助人又善良的一群人。

我诚心地对“大脑多向思考者”说：请不要对外去寻求“爱”，用你自己的爱喂养自己，并让你的天真善良发光发热。一旦你越了解你自己，便越能接受你自己。当你本身正向积极时，你就像一个磁铁，吸引越来越多与你有相同能量的人来到你身边。你所寻求的“爱”，就是你自己，会帮助你来去自如，自由自在。

成为他人的标准就是你的任务

这是一个无奈但又像是宿命的说法，“大脑多向思考者”存在于地球的使命，就是做个调音的音叉，以校准人们的行为举止。由于你与生俱来的“绝对完全”的价值观，无论别人做什么、想什么，你都看得一清二楚，那是因为你要求单一，没有第二个准则。用个比喻来说，我们将这个世界上的人，看成是各式各样的乐器。在你身旁的人，都能以你为准，校准他们自己乐器的频率是否正确，或者需要加以调音。如果你发现有一个人（乐器），他的音准是与你相同的，频率与你一致，那么他便是一个真诚实在、心理健康的人。当一位真诚健康的人认识到一位“大脑多向思考者”时，对他来说，实在是一件美妙的事情。但是，如果“大脑多向思考者”遇到一位与你频率不同的人时，对他来说，也是一个好机会，他可以借由“大脑多向思考者”，学习到不同的价值观，以改进自己。无论如何，我们所有人都可以回忆起过去与人相逢的经验或交谈中简单的词句，而这些所有的经历都会触发我们内在的善良本性。总之，一切的改变，还是取决于自己决定改变！有时你遇到一位“大脑多向思考者”时，你可能会觉得是件困扰的事，想快点远离他，与他保持距离，或是自己掩耳遮眼，假装没看见自己虚假的个性。当然，人生的旅途中，还是会有一些讨厌音乐的人或装出会玩音乐的样子，其真实目的是捣乱整个乐团和谐演奏的人，但他们看起来可都是非常正直的样子。当然这些人是最讨厌校准音叉的人，所以为了达到一己之目的，一定不会让“大脑多向思考者”发出声响，与大众产生共鸣！

现实环境与“大脑多向思考者”的价值观及个性显然是有相当大的落差。我相信“大脑多向思考者”很清楚地感受到该落差的存在，但是也许并不清楚这个差异到底有多大！

当你现在阅读到我的诠释时，你才恍然大悟之前你所有过的经验都事出有因。当然你非常清楚当下的现实世界是多么令人震惊与荒谬，因此你现在需要做的事就是对原本不属于你的这个世界保持开放的态度，了解这个世界的运作模式。通过与现实环境的冲突，可以帮助你释放，拥有自由。渐渐地，你可以按照自己原本的情形过活，并获得宁静。就让现实世界维持原状吧！而你现在所缺乏的是对现实世界的使用说明书而已！

当阅读本书时，你不仅可以了解你自己，也更可以了解其他人的想法，也明白了到今天为止，你所经历的一切都与你背道而驰的原因。试从左脑使用者的角度来看，右脑使用者所拥有的头脑发烧的世界是如此荒谬、不可理解，其实右脑使用者看左脑使用者的为人处事，不也是无法想象吗？总之，“大脑多向思考者”请不要回头向“一般思考者”求救，询问“你们到底是谁”，否则你只是缘木求鱼，无法得到答案，因为你的大脑运作模式是左脑使用者无法了解的。待你阅读到本书的第三部分，让我们一起寻找答案与解决之道吧！

Lesson 3

从“独一无二”的人变成“特别”的人

Je pense trop

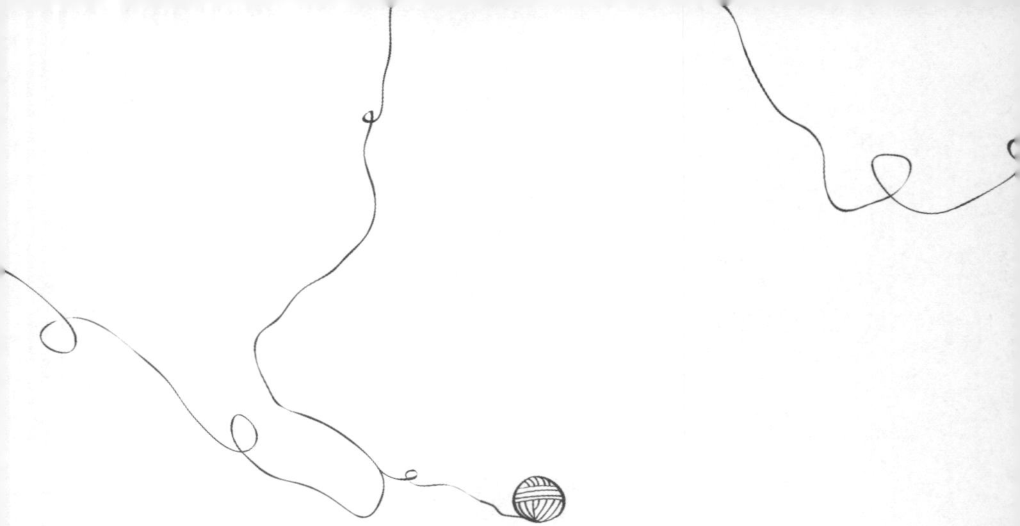

第1章　你以为自己是丑小鸭，其实你是天鹅

由于“大脑多向思考者”的大脑如石磨般 24 小时不停地转动，他们早就知道自己与“一般人”不同，也很清楚地知道自己与现实环境有相当的落差。我相信许多“大脑多向思考者”在阅读本书的同时，他们的情感反应是相当激动的。我所希望的是“大脑多向思考者”在阅读完本书后，更能相信自己的直觉；同时在用直觉观察事物后，更能掌握其中所得到的意义。因此，经历以下阶段不同情感的冲击后，你将成为更有自信的人。

放下心中的大石头

首先，在第一个阶段的情感反应，就是你现在可以松一口气，大声地对自己说：“我没疯！”终于有一本书的出现，是专门描述你们这群人，分析“大脑多向思考者”。因为这群人在日常生活中，常常不经意地感觉到自己与他人格格不入。你常问自己：“我到底有什么问题？我到底有哪根筋不对了？”每天至少有十次，你会问自己这样的问题。因此，当我与这些“大脑多向思考者”交谈时，首先我都会说明由于他们的神经系统与“一般人”不一样，因此造成自己在行为与思考模式上都与“一般人”不相同。然而令人惊讶的是他们很震撼地对我说，这是有生以来他们第一次听到有人用正面积极的方式，来解读他们的经历，同时也相当认同我的陈述及前后一致的逻辑！可是为什么“大脑多向思考者”如此惊讶呢？那是因为他们早就习惯别人给予自己“你太敏感了”“太神经紧张了”“情绪非常不稳定”“很不成熟”或“你想得很复杂”等负面的评价。

啊！最后终于有人会察觉到在这个世界上有红外线的存在，而不是只有紫外线而已，和谐地将这两种光谱摆在一起，各不偏颇，同等重视这两种光线。其实，“大脑多向思考者”的遭遇就如“丑小鸭”的故事，你会惊讶地发觉自己是只天鹅。若我们先不考量那些“精神操控者”的行为涉入你们的日常生活，我相信现在你们一定会对自己是天鹅这回事，产生怀疑！每当我与这些“大脑多向思考者”交谈时，他们总会不时怀疑我对他们的诊断是否有误，为什么我可以如此肯定。因此，我便从头开始说明：首先，这群人拥有超敏锐的五官，是理想主义者，但“假我”的存在让他们出现自我真空的情况。在说明过程中，他们不断地点头称是，承认他们自己如我所描述的“大脑多向思考者”的情形。同时，我也向他们解释了他们的神经系统与“一般人”不同的缘故。因此，我还能再多说什么呢？

当然，我还是会有疑惑，有对我的解释犹豫不决的时候。这时，他们几乎会跳起来说：“啊，你看！你也是不确定啊！”没错，有一位“大脑多向思考者”正确地诠释了我的犹豫，但他也给了我一条解套的绳索。他说道：“我明白了！要你证明我是位‘大脑多向思考者’，就像我要你证明握在我手中的橡子，到底是不是从橡树上掉下来的道理是一样的！”没错，他说得有理，的确是如此。对于还存有疑虑的人，他们仍怀疑我的论点，事实上我也没有任何再多的理性解释能证明我的说法。但总而言之，我非常清楚我的论点，也很确定我的看法。

情绪如云霄飞车起伏的五个阶段

短暂地放下心中的大石头是“大脑多向思考者”刚开始的反应。之后，他们需要时间来消化我的说法，才能豁然开朗地懂得过往的经历其实都有其存在的意义。这样他们才能写出他们人生的新篇章。

现在“大脑多向思考者”终于明白，他们总是不停地问问题，所以妈妈才会精疲力竭；当他们想分享新发现时，学校里总有人会嘲笑他们；经常与学校老师发生冲突或无法专心上课等情况，即使还是有热忱的老师会出现在“大脑多向思考者”的生命中。一旦他们可以重新解读过去的经历，自己将会很清楚地了解到如今与未来可能会遇到的障碍与困扰，而这种情况也可能伴随其一生。维若妮卡听完我的诊断，反应激烈地说：“你现在告诉我，我得的是一种瘟疫，是不治之症！唉！我一辈子永远都不会跟别人一样了！”而当我用丑小鸭的比喻来说明她时，突然间，她哭了起来：“可是，我这一生都是与鸭子为伍，那么成为一只天鹅又有何意义呢？”“丑小鸭变天鹅”的比喻已不能再安慰“大脑多向思考者”了。虽然天鹅与鸭子都是飞禽。可值得庆幸的是，我早已习惯“大脑多向思考者”的情绪风暴了！经历这场悲伤的暴风雨是必经之路，随后“大脑多向思考者”会调整自己，走过不同阶段的心理过程，逐渐成为一位正常人。

拒绝，否认

正如我前文提及，当“大脑多向思考者”听完我的分析后，会有以下回应：有些“大脑多向思考者”在我们下次碰面时，会忘了自己是只“天鹅”；有的人还会在每次交谈时，一直与我争辩自己是不是“丑小鸭”；还有的人会拒绝接受我的说法，干脆不回诊，一停便停了好几个月。无论如何，“时间”是最好的良药，能帮助他们思考。

因此，通常“大脑多向思考者”听了我的解释后，当下的反应便是开启他们大脑中的存疑机制，发起“拒绝承认”的信号。

当然，还有其他人会否定我的论述，不相信自己需要重建个人生涯规划。这也使得我的咨询工作变得更加困难。但就大多数的“大脑多向思考者”来说，会逐渐接受我的说法，迫使自己面对自己。而这整个巨大的改变，也将影响他们自己的信仰价值体系。

愤怒

经过以上“否认”的阶段后，“大脑多向思考者”会产生愤怒。愤怒的原因是他们会想知道为什么过去在求学时期要平白无故接受成绩不佳的事实，[①]以及在童年时期为何要遭受到不被理解的痛苦。同时，他们也会对社会与教育人员感到失望，气愤学校的老师为何没有好好开发他们的智能。他们对曾经诊疗过他们的心理咨询师也感到不满。因为这个社会上真的很少有人了解“大脑多向思考者”的情况，因此他们感到难过、气愤。这时候，有的“大脑多向思考者”也会问为什么这个社会上的人不能友善地对待他们。他们更气自己超转速的大脑，让自己与众不同，对此产生无数的问题、阻碍人生等不满。当然，这些不满也包括为何这个社会上的其他人都没有考虑到世界上还有不同的人存在的事实。说真的，“大脑多向思考者”的梦想之一，

① 由于教育体制不符合他们的思考模式。——译者注

便是有一天自己可以融入一个充满博爱与人性化的社会中。

讨价还价

最后“大脑多向思考者”来到“讨价还价”的阶段，他们还是想要了解“一般人”的世界到底如何运作，因为他们多想让自己融入这个社会中！

但“大脑多向思考者”要如何做，才能融入这个社会呢？要他们放弃自己的完美主义吗？要他们接受这个不完美的世界与宿命论吗？还是要他们跟“一般人”一样，成为一位个人主义者？或是沉迷在那些弱智的电视节目中？或跟大家一样，多聊一些有关天气的话题呢？还是在晚会上，要像只花蝴蝶，到处与人攀谈？对“大脑多向思考者”来说，这些都是不可能做到的！那么，要如何找到与你拥有相同灵魂的人呢？不要为了得到他人的接纳，再让自己模仿别人。难道你想分享相同的思考模式及世界观？我也相信在一大群人的讨论中，“大脑多向思考者”似乎很难有空间加入对话。更不要提当你身处于一群有聪明才智的人当中，你会不时感受到自己的愚蠢，还有一种无法形容的恐惧。我知道你是无法忍受这群自以为是的左脑精英分子！也因为如此，要你承认自己是只天鹅，的确是一件不容易的事。

所以，身处于这群左脑思考者当中时，“大脑多向思考者”应该要玩的是智力游戏，让他们感觉到你很有趣。然而对你来说，这些游戏很快会变成一种“纯为思考而思考”的活动。当“大脑多向思考者”加入团体咨询小组时，通常他们会被视为一群拥有“低自信心”的人，而无法在这个团体中找到自己的位置。因为只要“大脑多向思考者”一开口，大家就觉得他们太复杂了。然而，当“大脑多向思考者”听到别人高谈阔论时，会认为这个人“才是一只货真价实的天鹅，太厉害了，什么都可以侃侃而谈！我都没办法做到！”另外，也由于“大脑多向思考者”拥有非常感性的一面，容易产生同理心，如同情绪海绵一般，所以如果他们身处于团体咨询时，一定会大量地接收他人的情绪，从而倍增罪恶感。

低潮期

在正常的情况下，当“大脑多向思考者”发现自己特殊、不同于他人之处时，一定会如一只被打败的公鸡，士气低沉，相当脆弱。因而，有的“大脑多向思考者”会产生抑郁症，有的人会持续一段很长的时间。尽管“大脑多向思考者”刚开始便很清楚地知道自己与“一般人”不同，但还是难以接受这个事实，也很难舍弃“无法再成为一般人”这个想法。

因为这个现实世界永远不会依照“大脑多向思考者”所希望的样子而存在，而他们也终要永远地活在这个不符合他们情形的社会中。“大脑多向思考者”的一生要持续不断地适应如今的社会，但心中一直怀抱着对秘境的想象。啊！那一个美好的理想大地，是属于我的地方。唉！如果人们做事都符合于逻辑……没错，但事实并非如此。总之，这个现实环境并非是如你想象的世界。因此，我们只能尽一己之力，把事情做好。“大脑多向思考者”深深地叹了口气：“唉！如果这个世界是完美的……”

接受自己

其实，“大脑多向思考者”就像是一个包有毒物的礼物。当然这个礼物与其他礼物长得都一模一样。因此，我们作为一位“大脑多向思考者”也有权利可以活得快乐无忧。首先，迈向幸福的第一步就是接受自己。没错，你的大脑的确转得发烫，24 小时不停地转动，烧得大脑都沸腾了。所以，就让我们一起拿起香槟，干杯庆祝吧！如果你酒力还行，请暂时忘掉你高度敏锐的感官，干杯吧！

好好地控制大脑中的想法吧

当我阅读其他有关“大脑多向思考者”的著作时，发现书中对“右脑思考者”的描述，都说这群人非常情绪化或常感到郁闷，但事实上我们都不明白到底发生了什么事，只知道他们及有关他们的一切如一团毛球一样理不清楚。

之所以成为“大脑多向思考者”，某些原因是客观环境造成的。从幼儿到入学后，他们不断遭到他人的排挤或霸凌，自己也搞不清楚到底身体或生理上哪里出了问题。同时，他们也无法理解为何与他人相处时，有格格不入的刺痛感。当踏入职场后，由于从事低于本身能力的工作，过于胜任现职，也有人因此受到同事的排挤和嫉妒。为了迎合他人、适应环境，“大脑多向思考者”不得不戴上虚假的面具。因此，经历过以上的情况，再加上自己过于敏锐的感官容易接受外来的刺激，以及个人复杂的情感生活等，你可以想象“大脑多向思考者”整个人混乱的身心状况。如同雅理·亚达所说：“作为一个‘天才’的成人，实在有说不出的落寞。”

以上所言，完全正确。但“大脑多向思考者”要因此改变吗？没有必要。你的情形从来就不是要永远处在沮丧当中。那是因为你天生具有高度敏锐的感官，让你的神经系统感受到超于常人数倍以上的刺激感，你可以活得多姿多彩。因此，在你的内心深处，一直潜伏着沉稳有力的悸动。听我一个好建议，体验幸福快乐的生活方式，即大量地开发你网状发散性的思维模式。现在你知道自己哪里出了问题，需要智力挑战的你，便可以开始着手解决这些疑难杂症了。但在你的伤口愈合之前，请谨慎警惕两个陷阱：负面的想法及忧郁成瘾的习惯。因此，你已经预备好倾听初春的鸟鸣了吗？现在正是夺回大脑思维主控权的时刻。我相信你知道如何达成这个目的！

直通的郁闷情绪

我们每个人在日常生活中，都或多或少有一些规律性的习性、惯性的思路。这些习惯会使得我们不加思索地、以机械化的态度处理事情。

举例来说，我们准备早餐的流程或晚上洗澡淋浴的顺序，有人可能喜欢将沐浴乳涂抹在肚脐的四周，然后画同心圆向外扩散；有人习惯从肩膀开始清洗，然后上下涂抹沐浴乳。其实，这些行为习惯都是一种无意识的制约模式。试想，我们若把石膏裹在胳臂上受伤的关节处，当你上下举手时，都可以感受到手臂无形地被石膏模制约住了。由以上的例子得知，若我们大脑中安置了这些自动化且无意识的制约模试时，会连带影响我们的处事行为与个人情绪，尤其是心情。当我们的心情受制约时，无论好坏，一旦有事件发生，我们会立即反射早已制约的情绪。因此，我将大脑中情绪制约的模式称为“直通的情绪”，也可以说制约的喜怒哀乐情绪全都是自动转换、毫无意识的。

例如，早上起床时，你早已习惯处于郁闷的情绪中，因此，理所当然每天早上你的心情都是如此，还觉得这郁闷的感觉真不错！然而，日积月累，你郁闷的情况将成为一种习惯。到时候，你无论如何都无法再改变自己了。

立即找到你的“能量情绪”

“情绪定锚”是神经语言程序学（Neuro-Linguistic Programming）中的一个重要概念。它是指当事人由于受到外在环境或事件的刺激，因而直接触发内在情绪的一种连锁反应现象。著名的普鲁斯特（Proust）[②]的玛德琳蛋糕（madeleine）[③]即是“情绪定锚”的范例。

试想，当普鲁斯特吃下一小口的玛德琳蛋糕后，他的味觉唤醒了对童年每个细节场景的回忆。也就是说味觉（刺激物）触发了他的怀旧之情（内部状态）。其实还有许多例子可以说明“情绪定锚”的概念。例如，在海边漫步时，我们会产生轻松慵懒的感觉；在宴会上，会感到大家都充满激情。要了解的是引发“情绪定锚”的现象都是在当事人不自觉、无意识的状态下产生的。当然，我们也可以刻意选择制造某种情绪。因此，我们需要做的是有意识地选择当下想传达的情绪，而不是被惯性制约。掌控你情绪的好方法，便是在你拥有的“能量情绪”内，选择一个最适宜当下情境的正面情绪，然后抛下你的“情绪定锚”。因此，要学习如何管理自我的心理状态。

② 马塞尔·普鲁斯特（Marcel Proust），法国意识流作家，具有非常敏锐与细致的笔触。作品的特色在于他精腻地描写了每个人和事物所得到的感知与觉察。在他的文字里，我们可以感受到情绪流动的真实感。——译者注

③ 法国一种传统的贝壳形小海绵蛋糕。——译者注

所谓“能量情绪”，是指那些最适合人类生存的情绪（例如：勇气、轻松愉快、集中注意力等）。而“约束情绪”则是指那些困扰、伤害我们的情绪（例如：紧张、恐惧、灰心丧志等）。

一旦有事件发生时，人类会选择合于当下的情绪，来表达我们的心理状态，该情绪可以激发并感知到自己将会维持这种情绪所需的时间。此时也正是我们学习管理情绪的时刻：请不要再沉浸在那些无济于事、于事无补的情绪当中，而且要有效地制止该情绪无止尽地蔓延。因此，可以自己先预备好能量情绪的定锚，于适时、适当的情况下，传达出这些正向的能量情绪。

为了懂得如何利用本身的能量情绪，此刻你最想问的问题便是：“当我遇到某个事件时，什么样的情绪才最适合我的心理状态呢？”

首先，找回之前你经历过的正向能量的情绪状态。重温你曾感受到五官感觉最强烈的时刻，然后与你的“能量情绪”相互连结。此时，你便会感受到一种感官定锚的感觉：例如你会不自觉地起鸡皮疙瘩或是在取得胜利时小声地说出“YES”！就个人而言，我喜欢将拳头紧握，仿佛用手抓紧心中铁锚的感觉。一旦你抛下了情绪船锚后，我们便完全进入“能量情绪”的状态。此时，你的“能量情绪”也需对你有相同强度的回应。因此，我建议不要选择过于简单的定锚手势，因为这种定力很快便会被其他的冲击力磨损。其实情绪定锚的手势是非常重要的，一旦你的“情绪定锚”确立了，请多重复几次，它将会成为情绪惯性。

所有的情绪都潜藏在你内心中，只有你才能将这些情绪扩大或开发。现在，请你关上先前所有反复出现的低潮忧郁的情绪通道。请将你的心情定锚在能量情绪上，例如你充沛的好奇心与敏锐度，以及你的善良乐观等。

举个例子来说，若要整合你的发散性思维，我们需要何种能量情绪呢？就我个人而言，建议将你的情绪定锚在好奇心与敏锐度上，因为这两种情绪如同小孩在公园里突然发现了有荡秋千的单纯喜悦。因此，现在要开始学习对自己说：“我的大脑可真厉害！这种发散性思维就像狐猴一样，能在森林里到处跳跃穿梭！脑筋转得如此之快，实在太棒了！”

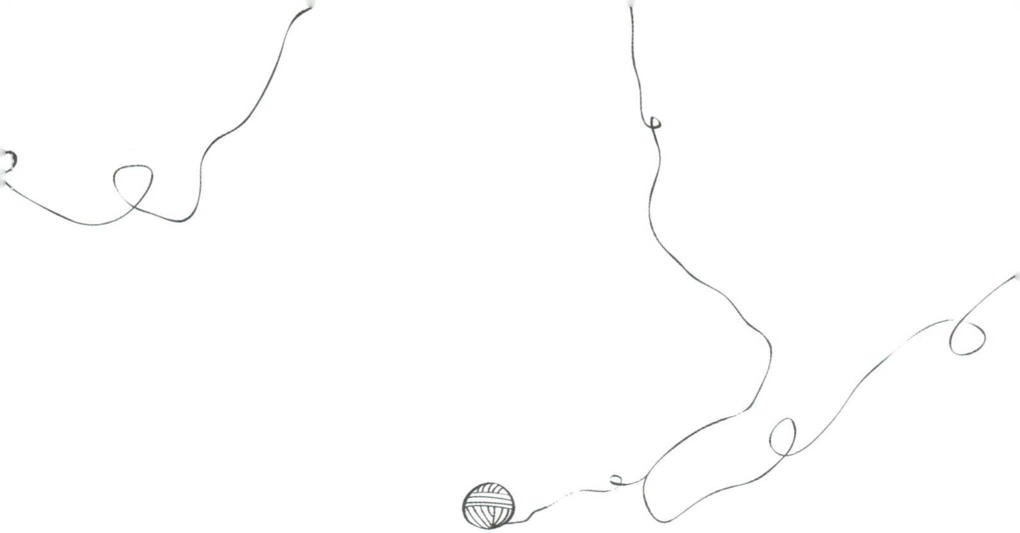

第2章 整理一下超载的“思想仓库”

其实，“大脑多向思考者”常说：“我就是不知道为什么，在不知不觉中，我会用最简单、迅速的想法，来解决问题。”然而，他们大脑的状态就像是个什么东西都掺杂在其中的混合物；他们的思绪很混乱，会窜出各种想法，就像一棵树一样不断地开枝散叶。“左脑”专司分类、贴标签、排列顺序，因为这样的方式可以帮助我们容易寻找到事物的所有脉络。“右脑”则是不断地产生新想法，详细记录所有的细节，认为所有的事物有同等的重要性。在“大脑多向思考者”的思维中，所有的事物都是通过联想而串接在一起，而且不只是相关想法的联想而已，而是将他们自己的整个思绪做整体的串接联系。要他们提出一个想法，就跟在他们的大脑中找出一团东西的道理是一样的。

宝琳是个八岁的右脑使用者。她常常无法找回自己的思绪，在学校上课时尤其如此。通过交谈，我协助她重新整理了思绪。之前，她觉得自己的脑子就好像是一栋堆满杂物的大楼，始终无法找到自己所要的东西。当她每次努力地学习新知识时，总会将这些新信息堆积在堆满杂物的阁楼中央。但现在宝琳变得很骄傲，也很高兴，因为她的大脑已经不再是栋杂乱的大楼了，而是一座井然有序的图书馆，每个文件还都贴上了标签，甚至我们也可以摆上 DVD 呢！

如同其他多数的“大脑多向思考者”，宝琳的大脑太视觉化，然而她的听觉灵敏度尚未发展完全。因此，每当学校老师在讲课时，宝琳的眼睛会接收太多的信息，但是她无法完全记录下声音，搞得她的记忆非常混乱。一个月后，我再次与宝琳见面，发现她没什么进步，一样的心思杂乱。我惊呼道：“这是什么乱七八糟的阁楼啊！”她拍拍她的额头说道：“唉呀！我忘了整理我的大脑了！”因此，她现在每天晚上睡觉前，都会将自己大脑中的想法，重新排列整齐！

然而，事实上学校里没有人教我们如何组织自己的思维，将它系统化及一致性。如此分类建档的方式可以帮助你行事更精准，也更合乎逻辑性，避免产生一团乱麻的困惑。因此，学习重新整理自己的思绪，可以帮助你更加了解自己，也可以让你更有效地运用你的发散性思维模式。

思维导图能帮助你整理大脑的思绪

左脑使用者构建出的世界，理所当然地适用于左脑使用者。因此，我们便可以了解社会上的大部分资料信息都是以传统的架构形成：也就是我们在前面的内容中提过的从大重点到小重点的方式来陈述内容。例如：第一章→第一节→第 1 点→第 1.1 点到 1.11 或 1.111 的说明方法。然而，我们现在所遇到的问题是右脑思考者很难使用以上方式记下信息，并将其转为他们的记忆。记得那位要交文艺复兴时期报告的女学生玛侬吧！无论是在学校或工作场合，“大脑多向思考者”要想建立一套有系统的计划说明，显然是有很大的难度。因此，我们将使用“思维导图”的方法来协助这群右脑使用者记忆整理思绪。

“思维导图”，也称为启发式的树形图，由亚里士多德创立，并将其命名为“知识树”。它指将所有资料（信息）以开花散叶发散树枝状的方式记录下来。20 世纪 70 年代，东尼·博赞（Tony Buzan）将此概念具体化并加以推广。然而，今天“思维导图”的概念已经逐渐式微。当然，我们都知道要人们改变陈旧恶习是很难的，再加上我过去的经验得知“一般思考者”并不觉得自己需要改变他们现有的思考模式。这也是我觉得遗憾之处，因为“知识树”的思维模式，可以组织我们的知识，开发我们的创造力。在启发学习的过程中，我们会不断地发现新的思路，当事人可以选择继续探索或放弃。因此，对“大脑多向思考者”而言，

“知识树”的概念尤为重要，因为该工具正适合他们的思维模式，尤其对用右脑思考的中小学生而言，更具有长远的影响。

“思维导图”其实是个丰富的宝藏图，不仅可以帮助我们记录重点，也可以重新构建所有信息并整合出所有信息的重点。它还可以协助我们延伸思考、厘清问题并列出资讯的重点。因此，它最适合我们准备演讲或做报告。以视觉的角度来看，“知识树”呈现的方式，不仅色彩鲜明而且图像清楚，易于记忆。对于有些纷乱复杂的想法，经由“知识树”呈现，可以将其厘清，以视觉化的方式呈现出所有事物的关联性。

如何画出你的思维导图

要画出一张“思维导图”，你只需一张 A3 的白纸，外加蜡笔或彩色笔做标记使用。首先，请将主题写在白纸的中央，然后将“关键的概念”分散地写在该主题的四周。请注意，不要将不相关的事物加注在上面！只要标注几个重点的短语，易于阅读即可。一方面可以节省时间，另一方面可以维持专注力。如果你喜欢，你也可以加入颜色、符号或小图案：因为视觉刺激可帮助记忆。如今，我相信也有免费软件，可让当事者在计算机上画出自己的思维导图。

“知识树”的结构所列出的信息是大量且发散式的，而且之间相互关联。你可以将你的想法扩充到无限大，如同“大脑多向思考者”的思考模式。这也就是为什么我们要使用“思维导图”帮助你组织思想。因为这种组织方式对“大脑多向思考者”来说轻松而自然。请善加利用“思维导图”，帮助你的头脑更清晰！当你对某个主题感到困扰时，将它填在白纸上，尽量剖析每个想法到最小单位为止。甚至你也可以用日记的方式，每日记录下你的心智地图。当然，启发式的树形图还有其他功能，如应用于教育、职业生涯或个人生涯规划等。

就算是想法，也有先后之分

画出“思维导图”的重点是在于你的发散性思维模式。就逻辑的层面来说，“思维导图”能帮助你形构出整个思维的组织。对于神经语言程序学，它也是一个有用的工具。“知识树”不仅可以构建个人全部的想法，而且每个想法之间都有其一致性与逻辑性，每个想法同时也都摆在相对应的位置上。由于“大脑多向思考者”对于一切事物都认为有同等的重要性，因此不知如何建立事情重要性的优先级。“知识树”导图可以帮助他们建立人或事物的层次结构。现在我们需要学习与人沟通时，如何了解对方论述的逻辑层次。沟通的首要之务，即是专心倾听对方的谈话内容，然后问自己他想表达什么。

论述逻辑的层面

通常在论述的内容中，可分为五个层面：

情境层面（指论述本身的人或事物）：指的是谈话内容的部分，

也就是在论述中除了“我”之外，其他的参与人员、外在环境的信息，以及当“我”听取这些信息后，“我”必须做的反应或“我”需要做的适应行为。在论述内容中的每个句子，都会引导你回答下列问题：在哪里？什么时候？有谁？等等。

例如，我对你说：“星期天，我要和保罗去海边玩。”我只提及“我”的情境，与“你”无关。而我给你的唯一信息，就是我要去哪里，跟谁一起去。

就该陈述的情境而言，说明的是与你无关（你是局外人）的情境。也就是说，你可以回应我的陈述，但没有必要直接参与其中。因为在该情境中，你是属于局外人的状况。同时也标志着你个人权利的限制，告诉你不用对“我”的论述做出特别的反应。然而，这种“无能为力的反应”对“大脑多向思考者”实在不是件容易的事。因为他们无法放弃自己的无所不能、无所不及的想象。此时“大脑多向思考者”的大脑会想说，如果你到了海边，可能风浪会很大或当下保罗心情会不好等想象，还会帮你想“你”应该怎么办等问题。诚心建议“大脑多向思考者”不要时时怀有杞人忧天的想法，浪费你的时间精力去反应与你无关、让你无能为力的事件。

行动层面：指的是论述中所采取的动作，一般来说是指在我们的陈述中，我们所做的行为。这个层面标识的逻辑问题是：“你在做什么？”接续以上的对话内容，我说：“当我在沙滩上时，我会晒太阳、游泳以及好好地休息，随后还要跟保罗一起吃冰激凌。”至此，我的论述中所谈的是我的行动。我相信你也发现了一件事，就是大多数人与人交谈时，通常只会对情境与行动这两个层次做描述，也就是说明“做什么”“何时”“何地”以及“和谁一起做”。通常，我们也是在此阶段，最常收到来自对方的批评与指正。然而，对“大脑多向思考者”来说，集中于情境与行动的对话是相当辛苦的。因为他们热衷于有辩论想法的对话。因此，我给“大脑多向思考者”的建议是，当你的对话者说出以上两个层次的论述时，你可以客观地观察他们所做的行为，然后稍微犹豫一下，暂时不说出你对他们的想法或建议，比如说你的想法有什么问题或缺点等。

因为你的批评指正只是用来加注你个人的行为举止而已。若你有建议要说出口，也要忍住不提。因为我们在论述的行为面上，攻击他人的价值观与他个人身份的认同时，通常都会伤人至深。

知识与技能层面：在沟通过程中，“能力”是最常被误解及忽视的方面。因为这牵涉我们个人沟通的方式，以及我们回应对方论述的答复。也就是说，我们在述说一件事情时，不仅仅牵涉我们自身的资源、知识及能力。因此，我们在表达论述之前，最好先检视自己本身有哪些资源可运用，还缺乏哪些资源。如此的回顾检视可以帮助我们在能力上成长。

除了可以运用自身既有的资源与技能以外，也可以借助外部资源如文件、网站、书籍等，来提升自己。但也别忘了我们最好的咨询者与导师就是我们周围的亲友，他们可以帮助弥补我们不足的部分。

除此之外，“大脑多向思考者”的核心价值之一，就是喜欢分享信息、传递信息。由于拥有这种价值观可以帮助他们与真诚的人相互合作，这些人更是善良的启蒙者。然而当今权势者握有权力的主要筹码之一，便是“掌控信息（知识）”，这不仅让我们见识到人性丑恶的一面，也让我们看到如今教育的缺陷。因为“大脑多向思考者”一生最大的梦想，便是有一天可以认识一位无所不知、无所不能的知识导师，来满足自己对知识的渴望。

在武侠片中，我们会看到所谓的“绝世智者”，深居于高山丛林中，坐禅修行个人的智慧，同时协助众生，开悟弟子。“大脑多向思考者”，请当心这类大师！因为这类人容易把你视为囊中物，操控你的思想。在这个世上，没有一个人能知道所有的事物，如你梦想般的人物是不存在的。所谓的“大师”，只能专精于某个领域而已。事实上，你无法从某个人的身上学习到全面的高深知识，并让这些知识广泛运用。这是不可能的。我知道当我如此对你坦白时，你会感受到强烈的挫折感。但从另一个角度来看，若是一位学生很有天赋，其实他会很快超越他的老师。到后来，他也会有高处不胜寒的感受。在这个网络发达的时代，我们只需通过网络的搜寻，便可以快速找到所需的知识，这时，你会发现“大脑多向思考者”的学生甚至会比他的老师还要优秀呢！

你还记得珂琳吗？她一个人安排整个家庭的度假行程。然后，到了旅游地后，她再也发现不到什么新鲜事了！事实上，她应该抛下与她一起旅游的家人，独自去冒险！对于安排度假行程这件事，或许你会一笑置之，但不能否认的是珂琳对于该旅游胜地的了解是非常惊人的，她从来没来过这个地方，但对这里再熟悉不过。在没有任何书面资料或老师的教导下，“大脑多向思考者”的确有能力，可以独自一人深化某领域的知识。然而关于“一般思考者”回复“大脑多向思考者”的信息，他们的回答的确会让“大脑多向思考者”非常失望。因为“一般思考者”根本不了解“大脑多向思考者”所提出的问题及需求，常常会用擦边球的方式答复或回答完全不符合“大脑多向思考者”的期待。久而久之，造成“大脑多向思考者”已经习惯不对外寻求帮助或建议的个人反射机制。

因此，从提高自己“知识与技能”的层面来看，最重要的是持续相互学习，“大脑多向思考者”不仅使得自己能力增长，也可将此知识传授于他人。由于你喜欢学习，请不要放弃这个好习惯，也不要再继续对外追求那些无法使你成长的“大师”。那么，要如何深化自己的“能力”呢？首先，要问自己的问题是：“我该如何做？”同时，也要问自己我想要发展何种能力。举例来说，关于我星期天要和保罗一起到海边这件事，你可以问我：在海边，你是如何做到放松及完全休息的呢？当大浪来时，你是如何继续在海浪中游泳的呢？或问星期天要在海边找个停车位是很难的，你是怎么找到的呢？还可以问，要怎样做，才可以让保罗一个下午待在海边呢？

（问题 1 的答案是瑜伽；问题 2 的答案是用浮潜的方式游泳；问题 3 的答案，这是我一厢情愿的想法，希望可以找到车位；问题 4 的答案则是让保罗吃下抗焦虑药物。哈！我开玩笑的！）

价值观和信仰层面：这一层次的论述中说明了我们人生前进的目标及动力，还有在生活中我们对于事情选择的优先级，以及我们所相信的公理正义。关于如何了解到你人生的价值观，可以在某事件发生时，对自己提出问题："为什么？目的是什么？对你而言什么是最重要的想法或观念？"等等。通过你自己的答复，可以看出你的价值观、人生观及思想理念。总之，这些答案的背后代表你所渴望追求的事物。最后，将相关资料组织好，建立你的想法论述，并用心沟通，以改变这个世界。其实，在相互了解彼此的价值观与信仰时，我们会更容易与对方紧密结合。事实上"大脑多向思考者"很早便开始寻觅与他们自己拥有相同价值观的人，但只是知音难寻，会让你产生很深的挫折感。关于信仰的部分，会比较类似于"人格"的说法。当我在"心灵工作坊”说明价值观和信仰层次时，我会把价值观比喻成人生旅途中的保护垫，你必须如履薄冰踩着它，往自己的人生目标迈进。顾名思义，“价值观”这三个字是我们逻辑思考中不可或缺的元素。

当然，没有任何人有资格质疑我们的价值观。每个人都拥有各自信仰的价值观，以及看待事件时个人所选择的优先级。因此，价值观是不具有普遍性的，每个人都不同。如此一来，我们可以了解到每个人对于事件的轻重缓急各有其看法。我们必须尊重他们的选择，即使对方信仰的价值观是站在我们的对立面。

价值观，对于我们人生的抉择，至关重要，信仰更是如此。信仰是指我们认为“真实”的事。大多数人听到“信仰”二字时，会倾向于用宗教来解释。然而，“信仰”二字所涵盖的范围非常广泛，远大于我们的理解。也就是说对于生命的各个方面，每个人都各自拥有其信仰。这些“信仰”也各有其表现方式，可以通过言谈中的论述了解对方的信仰，例如：当一个人论述因果关系时（因为……所以……），或是对于某事物的看法时（这件事也就是……），或是看待某事物的界限时（这是可以的；那是不可以的），或对于自我能力的评估时（我可以；我没办法），甚至对于世界与自己关系的论述时（我是……的人；这个世界是……；生命是……）。

若以当事人为中心，其个人所表现出来的行为与价值观一致时，我们会说当事人传达出了自己的主体性、气质及内在不凡的力量。然而，持有全然的道德诚信价值观的人却很难存在。像是精神操纵者与不法分子从事违法行为时，可以背离所宣称的价值观。即使我们花了很长的时间，才了解这些伪善不法之人所宣扬的价值理念与令人感动的话都是虚妄之词，而他们的个人行为与其价值观还是互相吻合的。然而，以上所述的情形都属于极端的例子。其实，我们在日常生活中所遇见的人通常还是怀有善意，只是大家都很少意识到自己信仰的价值观。因此，每个人也就没有机会检视自己的行为举止是否合于道德标准。

然而个人心理状态与价值观息息相关。假如自己拥有多种价值观，而这些价值观之间又相互抵触，则个人会产生内在的冲突。举例来说，个人对于安全的需求（属于价值观 1）与拥有开放心态想认识陌生人的意愿（价值观 2）相互冲突；或是个人想要维持和谐友好的愿望（价值观 2）会与希望获得他人尊重的要求（价值观 1）产生冲突。我们要说明的是“追求安全”与“获得他人尊重”（价值观 1）永远比“开放心态”与“追求和谐”（价值观 2）更重要。因为在未获得他人尊重及个人的安全前，你绝对无法与他人和平相处并敞开心胸接纳他人。因此，只有每个人清楚地了解自己有哪些多重价值观及其对立面，才能有助于重建个人思考的优先级与价值的判断。为了了解自己有哪些价值观，要先问问自己：什么对你而言是至关重要的。若有两种价值观相互抵触，请选择你认为最重要的那个价值观，并协调不同的价值观。一旦你自身产生内在冲突，请思索有哪些价值观是属于相对立的。如果你无法排列你所有价值观的优先级，请找一个妥协方案，可以同时满足同样优先重要的不同价值观。

身份认同层面：最后，我们要讨论的逻辑层次是回到自身。问自己到底是谁？我人生的使命是什么？我对于生命的愿景又是什么？其实问自己“你是谁”这个问题听起来很简单，但鲜少人能够完整地回答。

精神层面：灵性

以上所述，说明了逻辑的五个层面。其实，逻辑还存在第六个层面。有的人会将此层面归在价值观与信仰中，然而有的人则认为灵性的层面超越了价值信仰的层面。就我个人而言，我也认同灵性的部分应另立一个逻辑层面来说明。本文中所使用的“精神层面（灵性）”是高于宗教的概念的。换言之，除了自己个人身份的认同以外，我们还意识到自己与他人都是被放置在一个更大的系统或某种未来的可能性中，例如家庭、宗族、机构、社会或人类群体的概念中。因此，我们会问自己这样精神层面的问题，如：“除了我们人类以外，这个世界上还有谁存在呢？”“我们人类的存在，是否有何更大的目的？我们人类要走向什么样的未来？”在此层面中，有关于人类生态环境、永续经营等，都是属于精神层面讨论的许多“大脑多向思考者”对于第六层面的灵性层面非常感兴趣。他们会想了解自己的前世、今生与来生，以及整个世界的问题。由于“大脑多向思考者”的整个思想系统是沉浸在精神层面中，同时自己也感受到与其他生命相互连结的使命感，这也是我们前文所提过的概念。因此，我希望读者了解，为什么我在本书的第一部分强调“大脑多向思考者”不要轻视、忽略自己天生的敏锐感知，因为无论你内心感受到的是个人的神秘经验还是超自然现象，请将这些经验都累积成为你个人的灵性宝库。

金字塔形的逻辑层

个人身份认同包含几项核心的价值信仰。由于拥有这些价值信仰，当我们身处不同的环境时，可以激励个人增长各种专业知识，并顺应不同环境产生适宜的行为举止，这也就是为什么我们要介绍金字塔形的逻辑体系。我只简单地举周日到海滩的例子来说明，但不是只指克里斯特

望“大脑多向思考者”能理解。

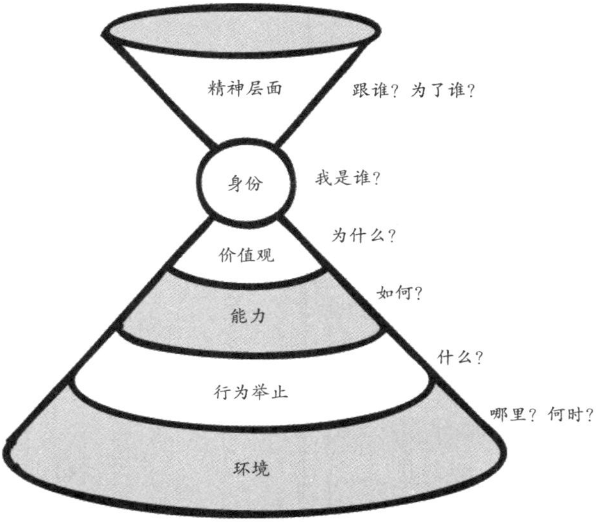

金字塔形的逻辑层

关闭无边际的想象与误解逻辑层面

想象一下，有位执业律师对你说：“我家里（环境）有很多植物。我每周都给这些花草浇水（行为）。事实上，我很擅长园艺（能力），而且我也很喜欢植物（价值）。当我照顾这些植物时，我觉得它带给了我很多意义（信仰）。有一天，我希望可以成为园艺家（身份）。”现在，请你用以上相同的方式，建立你自己的句子。如果这位律师还说：“对了！有一天，我希望能够参与拯救绝种植物的活动。”这句话道出了该律师的精神层面。从这整个论述，我们可以看出他期待完成的使命及个人行为的逻辑链。

但通常人们在听他叙述以上这部分的金字塔逻辑信息时，便会根据自己的偏见，认为他是律师，所以妄下结论。其实，你从事某种职业，只是代表你个人的行为与专业技能相互结合而已，并非代表你的身份。同理可得知国籍并不代表你的身份。在整个金字塔逻辑层中，我们通常会将个人的“身份”与“行为”这两个层面相互混淆。

举例而言：

当你说：“我做错了（指行为的部分），所以我很逊（指身份的认同）。”

“他不送花给我（指行为的部分），所以他不喜欢我（指价值观）。”

“她不打电话给我，所以……”

之前我们曾提到过，个人的价值观与行为举止（指行为的部分）是相互一致的。换言之，就是指“当我们如何时（价值观），我们就应该如何如何（行为）”。例如，当我们是朋友时，我们就应该在对方有需要时，尽力帮助他。所以对“大脑多向思考者”而言，通常是不假思索，立即采取行动。因为这是他们的价值观。

因此，我们知道每个人的行为举止背后必定连接着他自己的某种价值观。但是，首先，请记得每个人的金字塔逻辑都是不一样的。回到上面的例子，如果那个女生没打电话或留言给你，由于“大脑多向思考者”是将不同人或事物联想串连的高手，就你们的逻辑层面来看，必会将“没打电话”这个单一事件，扩大想象成电影般的情节。当你一旦发散联想时，其实当下你已走入不归路了。因此，当你发觉自己开始无边际地想象时，建议你回到正面的逻辑思考链。

她没有打电话给我，是因为：

1. 她没有时间。

2. 她丢了手机充电器。

3. 她不小心删除了电话联络人的目录。

4. 她正在等她求职面试的结果，所以正要准备告诉我这个好消息。

5. 也许，她正在接工作上的电话呢？

因此，我们发现“一般人”和“大脑多向思考者”之间，之所以会产生误解，是因为两者对于“行为”与“价值观”这两个层面上的因果关系见解不同。换言之，就是两者的处事“原则”不同，因而造成无法理解对方。

“一般人”在为人处事时，他们思考逻辑上的“行为”并非直接连结到“价值观”上，也就是说个人的价值观并非与行为举止相互一致。对他们来说，有时做出某种行为并非代表有重大意涵。然而，对“大脑多向思考者”来说，因为你们是言必行、行必果的人，所以任何一个微小的行为动作，都说明了当事人想传达的信息，也就是代表当事人整个价值体系。因此“一般人”和“大脑多向思考者”之间，会对于某种行为所传达的意义各有不同见解，争辩不休。其实，往往这样的误会都只是在“原则问题”上打转。

有人用另一种角度解释为何“大脑多向思考者”日子过得很辛苦，认为由于他们将所有人或事物的信息，都归于“金字塔逻辑”中“身份”的层面。举例来说，在某个演唱会上穿过的一件旧毛衣，对“大脑多向思考者”而言，这件毛衣是有生命的，或许你也可以称它有身份或灵魂，因为旧毛衣走进了我的生命，也就成为我生命中的一部分。那么，我如何简单地扔掉这件毛衣呢？所以这就是为什么“大脑多向思考者”在日常生活中，常会发生两难的情况，无法让自己的生活过得井然有序。其实你所要做的，就是将物体（旧毛衣）归置于“金字塔逻辑”中“环境”的层面。就人际关系而言，你必须厘清友谊与爱情的界线。若你交往的对象与你的价值观背道而驰，为何你还继续坚持与他在一起呢？你只是浪费时间，让彼此的关系更复杂而已。

由于“一般人”的思考逻辑往往仅限于金字塔逻辑中的“环境”与“行为”的层面上，所以我真的很希望“一般人”能将自己的思考逻辑提升到与他们个人相符合的“价值观”的层面上。如此一来，“大脑多向思考者”也就比较好理解左脑思考者了。

相对于“一般人”的思考逻辑，“大脑多向思考者”的逻辑通常停滞在金字塔逻辑层较高的地方，也就是“身份”与“价值观”的层面上。他们喜欢辩论精神层面的主题，但通常都忘了回到现实的基本面。因此，有许多“大脑多向思考者”害怕失败，其中还有许多人沉溺于做白日梦胜于实际行动（因为“大脑多向思考者”会认为：“如果我做错了，我就太差了！”这种价值观的评断会阻碍他们行动），这也是由于他们逻辑思考的方式会降低个人成功的概率。事实上，失败只是一个宝贵的学习机会，重要的是要勇敢采取行动。

第3章　重拾你的自信心

行笔至此，我相信“大脑多向思考者”已经越来越认识自己了，也了解到从小耿直的个性为何为你带来嘲笑和欺侮。由于大多数的“大脑多向思考者”从求学时期开始，便一直遭受到他人的排挤、纠正、误解、嘲笑、拒绝及污名化等负面情况，所以这一切不幸的遭遇都让他们很难了解自己到底是谁。同时，现实环境与个人之间，也存在很大的落差，即使有些事做得再好，也无法得到他人的尊重。本书的一开头，便说明由于“大脑多向思考者”无法获得外在环境的认同以及个人痛苦的经验，因而造成本身自信心的减损，形成“自我真空”。因此，本章的内容，目的是要帮助“大脑多向思考者”恢复自我，重拾原有的正直诚信。首要解决之道，便是“认同自己”。再者，要体会和认同自己本来就是与“一般人”不同。没错，你是来自另外一个星球。没错，你就是个特别的人。当你越了解你自己时，便越能接受你自己。通过认识真实环境的现状与“一般人”的行为模式，你便越能适应这个世界。此刻，良性循环已经开始了。

如何找回自信心

重新建立自信心舍弃“完美主义”

“大脑多向思考者”经常将自己锁定在追求永恒完美的理想中，然而却忽略了在追求尽善尽美过程中所经历的喜悦。他们寻求的是精益求精、好还要更好的极致完美，极尽所能地控制所有参数的变化。由于极端的自我要求，加上追求完美的个性，他们不会忽略任何一个环节，每个细节都有其显著的重要性。“大脑多向思考者”一旦发现事情无法达到他们的期望值时，就会像一颗泄了气的皮球，精疲力竭，认为自己这样严谨的个性简直就是浪费时间，没有必要。同时，也因为“大脑多向思考者”无法决定任务要做到哪种程度才算是完成，所以他们即使在工作结束后都会一直觉得工作尚未完成。这就是为什么他们一直无法体验到成就感的原因。然而，最让他们感到痛苦的事，就是该任务未达到他们理想中完美的虚幻目标，他们将此视为“失败”，这也是为什么他们感到人生很苦。但其实要晓得“完美主义”是一种“击败自我的策略”，我希望“大脑多向思考者”已经吃够苦头了。有一种称之为“矛盾的疗法”专门治疗“完美主义”者，那就是个人对自己的要求越少，便越容易感觉到自己一直在进步当中。此时，你所要做的便是重新检视你的目标，降低标准，使得自己容易达成目标，拥有成就感。接纳自己，舍弃“完美主义”，重拾自信，以不完美造就你的完美。此时，你会惊讶地发现“平凡”的踏实感是多么的美好，你也已经开始品尝到成功的滋味了。

尽情享受成功，不带任何条件

要能品尝到自己成功的果实，培养自信心是首要条件。自信心的表露从来就不是与生俱来的。即使那些拥有许多爱的人，其实他们的自信心也是非常脆弱的。培养增强自信心的确需要来自外在环境的因素对个人的肯定。当一个人没有得到外界肯定时，相信他自己的自信心终有一天将会枯萎消逝。然而，当一个人能够没有“任何条件”，完全享受自己所有的成功经验，而且能欣然接受他人给予的肯定时，他便能成功建立内在的自信心。所谓的“任何条件”是指不要对自己说：“对，我是成功了，但是又如何……”这样自我的对话不仅会打击自信心，也是毁灭自我的机制。也许这样的说法，会带给人一种“谦虚”的表象。但实际上，你是大错特错！举个例子来说，如果我对你说：“你这人实在很好，但是……”或我说：“我真的想留下来，可是……”我相信你根本不会想听完整句话，因为你早已知道我接下来会说的一定与第一句相反。想想如果你用相同的方法对自己说：“我做的晚餐很成功，但是……”其实，也就是你用尽所有的话阻拦自己肯定自己的成功。其实，你只需简单地对自己说“我做的餐点真是美味可口”这样即可。当然，我也承认这样的对话实在需要多次反复练习，并非一蹴而就。能够自由自在地享受个人的成功经验，不仅可以帮助自己培养行动力，也会让自己变得更有勇气面对挑战、克服障碍，同时开发自己新的知识技能，丰富人生。

一旦人们可以自由地享受成功的果实时，其实我们已搭建起一座累积成功的舞台。因为当我有越多成功的经验时，在这个鼓励的基础上，便拥有越多的机会可以累积成功；相对而言，也减少了失败的可能性。总之，请不要为你的成功加诸更高的栅栏、更多的借口，请为你的胜利喝彩！

提升自我的形象

所谓的“自我形象”，是一种主观认知，指个人如何看待自己，以及个人认为他人如何看待自己的想法。这种“自我形象”其实与真实世界的现状毫无关系。也就是说，我们可以主观地认为自己是位冰雪聪明又幽默风趣的人，或认为自己是个愚蠢可笑又丑陋的人，但就客观的角度来看，这些见解实在无关真假。因为这些主观的想法只取决于我们身边的人对我们所投射的形象，以及从小以来自己对自己所投射的想法。就“大脑多向思考者”而言，所关心的是从小到大一直得到外在对你扭曲的评价。因此，你费尽心力地想要告诉这些不了解你的人你是谁，但却枉然。其实我想对“大脑多向思考者”说的是，你不必向别人证明你是谁。因为如此一来，你会陷入一个无底的泥淖当中：你越想证明你自己，别人越忽视你的价值。举例来说，想象一个外科医生对你说道：“我会证明给你看，我知道如何开刀！”其实当下你已经知道他是个好医生了，不是吗？所以，你是个优秀而有能力的人，没有必要向任何人证明你自己。你所要做的事，就是表现出你拥有的能力而已。奇怪的是，一旦有人开始相信你的能力时，也就有越来越多的人开始相信你。拥有一个正面的“自我形象”不仅会帮助你相信自己的能力，同时也会让你对未来的规划变得更积极、正向。

最后，拥有“自信心”的关键，就是无条件地爱自己，培养“爱自己”的能力，它是建立自信心最底层但也最重要的基础。当你爱自己时，便可承受生命中的所有风暴。那些不爱自己的人，忽略了自己的需要，因此痛苦地过日子。那些不爱自己的人，忍受自己无法接受的生活条件或从事不得不做的工作时，就是将自己置于危险之中。反之，一个越有能力爱自己的人，就越能了解自己的需要，越能照顾自己的健康及外表。他也知道如何保护自己，抵抗外界的欺凌，无论是在身体或心灵层面的伤害。这样的人也会积极地营造出一种舒适的生活，不容许外人挨打或羞辱自己。因此，爱自己的人会互相尊敬彼此，这也使得他人敬重自己。

通过以下处理内心机制的过程，“珍爱自己”的旅程便可以开始上路了。

抚慰你的内在小孩

当你心情愉悦时，请倾听你内在小孩的声音。我相信你现在已经明白为何要爱自己了。所以请告诉他：“你是一个天才。”向他说明这些年来发生了什么事。给他你的所有关注、认同与鼓励。把这个小孩揽在怀中，告诉他，你非常爱他，你不会再让任何人欺负他了。

开除你内心的破坏者

可能到今天为止，你也不知道自己内心正住着一位如暴君般的破坏者，专门批评指责你，打击你的自信。而你到现在都还一直遭受这位独裁破坏者的管控。他一天二十四小时住在你的大脑中，不停地对你下指令，你应该如何做或你必须如何做等，而且还不时地贬低你的自尊。让你更害怕的是，这个破坏者还会恐吓你说，如果你不这么做，你就会有什么遗憾等，更不让你自由享受成功的喜悦，他会对你说：“不要说出你对成功的感觉，因为这件事本来就很简单。你不要觉得自己有什么特别的。”当你处在做出选择的阶段时，无论你选择哪个选项，这位内心的破坏者都会批评你的选择是错误的，使你产生罪恶感。你可以想象这位内心的破坏者就像是个超级严格的体育教练，他永远不断地要求你，督促你。

破坏者不时地在你耳旁说："你是个心地很坏、很自私、不成熟、没有用的人……"还说："你根本就不值得有人爱，你现在的一切感觉都是虚幻的。"更对你说："你不要自我感觉太良好……总之，你就是没有权利获得幸福！"

以上的自我破坏机制都是你在无意识下所产生的想法。因此，当你的大脑自动连续地放送出这些批评指责时，我希望你可以立即就辨认出来，并立即阻止让这些负面的语言持续开展。我再三强调你必须立即"手动"关上自我破坏机制。你也可以给这位破坏者取名，例如"杰瑞"或"艾米"。当内心破坏者出现在脑海中时，你就大喊："'杰瑞'或'艾米'，你快滚开！"记得只要我们给这位破坏者一个身份，当他对你下指令时，你立即驳回："杰瑞！你这白痴，快滚！"琳娜听完我的范例，笑着说："我会对他说，闭上你的大嘴巴，你这个大三八！"

另一种隔离破坏者的方法，就是你可以高声唱歌，覆盖住他的夺命追魂曲！或你现在也放轻松，冥想一个有趣的画面：你正在开除那个又老又严格的暴君教练，你对他说："你现在够老了，可以退休回家去了。"然后，你想象你为他举办了一个欢送会。当然送走老顽固后，你要立即聘请一位年轻又有活力的教练，他会专门说些鼓舞人心的话。不管你想象是卢彦勋或是曾雅妮都可以。哇！他们不仅年轻有活力，而且激励自己的方式也是一流的！因此，请记住你与你内在的对话必须是亲切友善、热情诚恳的。对自己说：“加油！好人儿。我知道你可以做得到。一切都会进行得很顺利！”

完全爱自己

只有你自己才真正是生命中最重要的人。这一辈子你都要与自己为伴，直到离开人世那一刻。“你”才是自己最重要的温柔伙伴。那请问你要如何善待这位如此爱你的人呢？你一直将你最温暖的爱与关怀，给了你的男（女）朋友或丈夫（妻子）。所以，请给予自己同样的爱与温暖，善待自己，宠爱自己。你值得拥有最好的一切。如果连你都不爱自己，那还有谁会疼惜你呢？

建立自信心的三部曲

当你找回失落很久的自信心后，你会发现所到之处、所做之事皆无往不利。自信心是需要培养的，学会与自己沟通，用友善的方式与自己对话，切勿一味地批评、糟蹋自己。最后，请你以尊重他人、善待他人的方式对待自己。因为公平与正义不就是你的价值观吗？你对别人好，同样你要同等地对自己好。个人拥有自信，会丰富生命中的各个层面。当你越爱自己，自我正面的形象便越能彰显。此时，我们不难想象“成功”便近在眼前。

反过来说，当一个人拥有越多的“成功”时，他个人的自我形象也就越积极正面。在此时，他会变得更爱自己。

但有一件事要厘清，就是“自信心”不是万能神药，不是在任何情况下都可以拿来救急。例如，当你做错事，或你自己的身心是处于负面状态，或你产生怀疑恐惧时，拥有“自信心”只能让你心情好一些，但它没办法帮你摆脱以上困境。总之，当一个人拥有自信心，绝对不是有了一支点石成金的魔杖，可以让你的生活高枕无忧、成功顺利。

但最后我们还是想问：如何建立自信心？什么才是自信心？

其实培养自信心是件简单的事，首先，每个人都有优缺点，所以你也不例外。无论你有多少优缺点，你只要爱自己并接纳自己即可。其次，掌稳你心中的船舵。当你面对困难或挑战，如船在海上遇到风浪，要知道如何运用周围的资源来找寻解决之道，掌稳船舵。最后，面对挑战，采取行动。当事件发生时，无论你个人感受到的压力或恐惧是否远大于自己能承受的范围，我们都要有能力采取行动，往前迈进。虽然拥有“自信心”无法融化冰山，但它会让你有勇气征服山峰，成功登顶。

确认自信心恢复到了什么程度

当你遇到下列情况时，会产生我所述的反应，即代表你已经建立起了自信心：

· 当你谈到你自己时，都是以正面的角度来看待。你同时也能坦然接受他人给予的赞美，毫无任何尴尬。

· 当有些轻微的事件发生时，你变得较不激动，反应冷静许多。

· 当你在不同的场合中，都可以展现出你的自信心，不局限于某一特定领域。无论在个人领域还是工作职场中，请问你的自信心是否都均衡展现？

· 关于自我的形像是否符合他人或社会的想法，对你而言，已经不重要。同时，你也不再需要依赖外在给予赞扬，肯定你的成功。你可以抵抗社会带来的压力，欣然接受挑战，不会再让困境击溃你。

· 你不再需要花很多的时间或精力来保护、强化自我形象。

· 当你的自尊受伤时，它无法主控你的思想和行动，也不能影响你的情绪。你不会因为几小时的羞辱，就把你整个人都击溃。

· 最后也是最重要的，就是放弃自己的完美主义。自己要告诉自己：清单上所列的“必须做的事情”，并非代表都是“必须完成的事”。

第4章 让大脑更有效率的必备条件

我相信你现在应该可以井然有序地将你大脑中的想法分门别类了。此外，你也恢复了你的自信心。此时，你所要做的事，便是优化你的大脑，开发你发散性的思考效能。因此，请依照你的节奏，踩着你的步伐，满足你大脑所需的养分。如此一来，“大脑多向思考者”拥有积极正向的生活，并非遥不可及。

适当的乏累反而是件好事

首先，我们要谈的是你行事的节奏。所需要的是一个稳定的行事风格，踩着自己的步伐往前迈进的工作步调。

我相信你比谁都清楚自己有过于常人的体力，充满无限的能量。你发现自己在一天的工作中所做的事比“一般人”还多；可是你还是感到沮丧，觉得自己好像什么事都没做。再加上，“一般人”在日常生活中行事缓慢及缺乏自省能力，这些事都容易让你感到气愤。建议你不要再为他人指责你做太多的行径感到敏感，因为你就是与众不同，事实上你拥有异常的体力及超速活跃的反应力。我建议你找出适合自己行事风格的节奏，但也不要期待别人都会跟你有一样的超速反应与行动！

因此，有时“大脑多向思考者”会容易出现“职业倦怠”（burn out）的现象。那是由于“大脑多向思考者”无法自我调整过累的生活方式。有人说发挥“大脑多向思考者”的工作效能，就需要让他们像能够承载数百公斤重行李的骆驼。也就是在此时，他们会发挥自己最大的潜能，踩着轻快的步伐，往前迈进。但突然间，如果你增加了小小一公斤重的行李，骆驼会瘫软下来，这一公斤重物就成为压垮骆驼的最后一根稻草。这就是“大脑多向思考者”的工作写照。其实，他们只需在沉重负载的工作中，稍做改变即可：稍留一些空间给自己，以防突发事件的发生。如果你还有多余的精力，也建议你做个放松的冥想，让你感觉更好，工作更有效率。

“大脑多向思考者”在日常生活中，需要感受自己的存在，因此，请为自己设定个人目标；此外，你需要进行好几个鼓舞自己的挑战计划。当“一般人”对你说你过于一心多用，那就是你找到生活平衡的时刻了。

右脑使用者所需要的五种养分

现在我们来谈谈你大脑所需的能量。这绝对不是一时兴起或灵机一动的想法，而是真真实实的大脑需求。如果你的大脑没有获得这些养分，它会活得很痛苦。

由于每个“大脑多向思考者”的情况各有不同，我所列出的需求，可因人而异。但其实我知道“大脑多向思考者”本身很清楚地知道当自己缺乏某些养分时，自己会陷入何种焦虑当中。

喂养大脑“知”的能力：学习

你的大脑喜欢学习新的事物。它需要复杂、多样的知识。当你学习新知识时，大脑的运作就像蜘蛛网，将单一的知识扩展至最大可能的范围。然而当它没有汲取到所需的营养物质（知识）时，你整个人会显得沮丧，感到人生索然无味。因此，多爱自己一些，扪心自问，想学习什么。想想当你在求学时，有哪个科目是你感到最受挫折或你想要继续深入了解的。因为你的大脑经常想着：我本来应该对某个科目更感兴趣、更有所发挥的。你确信自己在求学的阶段，一定有某个科目因为老师不善讲解或某个细节没有深入，而你到现在还存疑的部分。现在正是你加深了解该知识的时刻。除此之外，你也可以开发其他不同领域的技能，例如装潢、园艺、烹饪或手工艺等。

无论你想学习什么，你都可以达成。但首先要记住两个基本原则：

·如果你遇到不明白的地方，那是你自己把事情复杂化了，其实事情远比你想象的简单许多。

·学习要有毅力。即使当下感到有点复杂或枯燥，你也一定要跨过这个门槛，坚持下去！届时，你一定会豁然开朗，理解顿悟。

多做运动

运动可以帮助你释放过于充沛的能量，成为你舒缓压力的渠道。在我的咨询经验中，经常听到的回应是：那些之前很少运动的“大脑多向思考者”，很后悔自己以前没有多运动。接受了我的建议后，他们从善如流。现在他们运动完后，每个人都感觉到生龙活虎、欲罢不能。除此之外，运动也可以补充你所欠缺的血清素及增加多巴胺激素，能提高你睡眠舒适的质量。现在请你在工作日程表上，排出一段时间来运动。一旦你从事消耗体能的活动，你的生活质量会变得更好。

开发创造力

“大脑多向思考者”来到这个世界的任务，便是“创造”。你的大脑拥有想象、发明、设计、制造生产、建设等能力。大脑将你的能力整合，因此你用双手创造出作品，或用知识创新世界，或用艺术的方式展现你的创作。如果你缺乏激励个人的计划，你那如树枝般发散的思考力，便会陷入无聊郁闷当中。

因此，记得要将你所做的计划与日常生活的习惯分开。然后，当你从事某计划时，一定要问自己为何要做这件事。

在理想情况下，你选择职业的决定，应以“创意”为首要的考量。事实上，“大脑多向思考者”有很大部分的创造力是没有被充分利用的。而最令人感到难过的是，当一位“大脑多向思考者”每天只能从事低于他的能（智）力、重复相同、缺乏自主性的工作时，整个人将会被这沉重的科层体制压得粉碎。“大脑多向思考者”从中学时期开始，就感受到现行的教育方式是他们个人学习的一大障碍。其中有许多人无法通过学校的制度来开发他们的潜力，有效地学习。值得庆幸的是，对“大脑多向思考者”来说，即使学校不愉快的经历是他们人生中的一大挫折，但还是有很多“大脑多向思考者”在成年后，都能找到实现自己创意、胜任愉快的专业工作。这不仅可以开发他们的自我潜能，也能让他们保有独立性。例如，匠人艺者与自由职业者都是属于符合创意及自主性的工作类型。

因此，当“大脑多向思考者”选择职业时，应考虑到以上的要求。在企业中，老板们应要有能力识别出公司同仁里是否有“大脑多向思考者”。建议可以给他们所需的一切，让他们大展才华。当一位“大脑多向思考者”收到上司给予的任务、挑战及温暖的鼓励时，也不要忘了给予他自主性，他将发挥你无法想象的潜能，为公司创造一个奇迹。（请将这段内容给你的老板阅读喔！）然而，若在职场中，无法发挥你的创造力，请转身思考你的个人生活，让它更多姿多彩。

因为在生活中，还是有很多可以发挥创意的机会，例如烹饪、家中装修、绘画、雕塑、音乐、舞蹈等。

一些“大脑多向思考者”告诉我，他们已经没有能力再继续做梦或发挥个人的创造空间了。他们觉得自己被困在所谓“学历至上”的病态格局里，毫无机会发展创意，感觉人生处于茫然真空的状态中。然而，他们只能通过幻想才能平衡现实世界的茫然痛苦。必须重新拾回他们的创造力，这是至关重要的。对“大脑多向思考者”来说，做梦不仅可以帮他们逃离现实，也可以让他们忍受现实生活的不愉快。同时，梦想也是成为理想的必经道路。当你做梦时，梦想有如手电筒一般照亮你的生活目标、探索生命的各种可能。你的心灵在做梦的片刻稍有喘息的空间，如同现实生活中人们玩彩票，那是一个做梦的时刻、逃离现实的方式。“右脑使用者”的确需要做梦，每做一次梦，有如隔空买彩票，都是将梦想转换为创意的机会。

但如何才能找回你的创造力呢？首先，自己一定不能自暴自弃，信心低落。随后，静静地开展探索梦想的能力，直到这些想象可以落实成为具体的计划。华特·迪士尼是将梦想蜕变为理想的最著名代表人物。如今有许多研究，纷纷对他的创作策略及成功范例感到兴趣。华特·迪士尼认为“有效率的创造力”会经历三个过程：

（1）一个未曾受他人或自己严厉检视的梦想。

（2）最具体，也最有可能实现的计划。

（3）出现建设性的批评。简言之，对于该创意持有反对的声音应于计划的后期才提出。而且所提出的批评指教是用来精炼你计划实现的可能性，而非当一位“梦想拆除大师”。

因此，华特·迪士尼用三个人物，相对应说明以上三个阶段：

梦想家：梦想家这时正摆着轻松的姿势，双眼直直地盯着天花板。在创作初期，这位创意家的身边总是飞着一位善良的仙女，帮助他解决任何困难。由于有好心仙女的帮忙，请你不用担心自己的学历高低、金钱多少或计划可行与否，只要努力做个好梦即可。一旦梦想家持续不断地幻想时，便是将梦境转换为真实的好机会。

实现家：实现家的角色，有如将梦想深耕的农夫。此时，实现家双脚踩在地上，坐姿端正，背部挺直，眼睛看向右下方。你可以感觉到，在他的身体里有梦想的存在，以及将梦想转为真实生活中的经验。别忘了，善良的仙女也一直在他的身边帮助他铲除困难。其实，成为实现家真实的感受，就有如梦想家一样，平静愉快，但由于在他日常的生活中，经常重复相同的工作，所以可能会比梦想家累一些。然而此时，实现家也必须重新开始做梦，评估将梦想落实于具体经验的可能性，调整梦想家的梦境。一旦实现家核准该梦想计划，此时我们才来唤起内心的批评家，我们便要从头开始教育这位批评家。

建设性批评家：创作的最后阶段，这位善良的仙女消失了。最后，你的内心会提出不同的意见。这时，批评家就位，单手托着下巴，眼睛直视左下方。但这位内心批评家的定位是很清楚的：他的批评建议应该是用来落实梦想计划实现的可能性，而不是成为铲除梦想的角色。其实，最基本但最重要的问题是：“我们如何才能将该计划具体化呢？”此时，也是创造力最微妙的阶段。建设性的批评家需要将他所提出来的有效建议交予梦想家，由梦想家寻找创意的解决方案。其实，以上三个人物，说明了人们如何将梦想转化为真实的进程。我们谢谢米老鼠！

或许此时你也注意到了，这位内心的批评家与那位内心破坏者正是表兄弟关系。所以，你需要做的事，便是刚开始你要好好管教内心批评家，让他的批评更具有建设性，更能组织你的思路。一旦你确认批评家的定位后，你的创意、你的计划以及你解决问题的能力，都会受到大家的肯定和赞赏。

为了激励你，我想分享一句马塞尔·帕尼奥你（Marcel Pagnol）④

④ 帕尼奥尔是法国一位小说家、电影导演及剧作家。生于1895年，去世于1974年，享年79岁。——译者注

的话，也是我的座右铭："每个人都知道这是不可能，但也许有一天，有一个不知道不可能的傻瓜，却完成了不可能的事。"因此，我每天都把自己当傻瓜看待。

祝你的创意源源不绝。

艺术

除了你所需的"创造力"以外，你的大脑还需要"艺术"的滋养，以比较广泛的意义来说就是"美"。人们可能问"艺术"是用来干吗的？其实"艺术"的概念不仅只专属于人类。自远古以来，无论任何文化或地区所产出的雕像、绘画、珠宝、化妆品、音乐、舞蹈、纪念碑等，都表现出相同的艺术概念。我们如何解释这种现象呢？因为"艺术"滋养了我们的情感，也触动了我们的感官。

来自最自然纯粹的生活乐趣（请勿与"幸福"的意义相互混淆），仅需要用愉悦的信息来滋养我们的五官便可获得。看着美丽的事物，听着动人的旋律，感受丰富的触感，呼吸香气或品尝佳肴，这些愉悦的感受都可以把我们置于短暂极乐的状态。大自然当然可以提供这些喜悦。这也如同"艺术"可以填补我们不同的感受，带给我们强烈、令人心灵陶醉的愉悦感。建议你花点时间参观展览、博物馆或聆听音乐会，这些都会带给你强烈的喜悦。当你纤细敏锐的五官感受到简单的喜悦时，你的身心灵将沉浸在听觉、视觉、触觉、味觉、嗅觉的丰富信息里。

美术、微型艺术、大型艺术、原始艺术、美学、设计、建筑等类别，皆泛指“艺术”。因此，艺术没有普遍统一认定的规则，唯一普世的价值便是“艺术”可以触动人类的情感。因此，我们了解到“艺术”没有国界、文化与社会的差异。更深层地来说，所有人一律平等，因为每个人都有能力感受到“艺术”触动心灵的体验。有些人将“艺术”弃之如敝屣，认为欣赏“艺术”是种浪费时间的行为，我们应当刻意忽视这些人的存在。要知道“大脑多向思考者”本身即是一团情感丰富的情绪球。因此，艺术的存在，给予“大脑多向思考者”一个空间，让他们一边可以表现自己正向积极的情感，一边接收外在所传递的丰富信息。

“艺术”是自由流动的美感。除此之外，别无他用。因此，在多数情况下，“艺术”是很难获利营收的。试想，一位音乐家办一场音乐会所带来的利润，根本无法与他经年累月练习演奏的时间相提并论。更遑论，自己还要学习乐理知识及训练艺术鉴赏力的投资。然而，艺术家将自己完全献身于这短暂的时刻，例如一幅画、一首曲子或一场表演……热情的观众有时花上几个小时排队，只为了欣赏一幅画、聆听几个音符……因为这短暂的片刻即是瞬间的永恒，唯你独有。当然，相信大家都很清楚地了解到“实用”的价值，却也忽略了“无用”

的实用处。通常，欣赏“艺术”，原本就只是一个单纯、短暂、无私、没有任何其他目的的行为，只是希望找到志趣相投的知音而已。当大家短暂驻足于“艺术”前敞开心胸欣赏时，人们会碰触到人性中高尚、伟大的部分，那么“艺术”的目的也就达到了。

因此，“艺术”可以让人们感受到人性中强而有力的爱。举例来说，著名的巧克力雕塑艺术。在这现实的世界里，区区几克巧克力便能刻画出艺术中的精细之美。

爱的荷尔蒙：催产素和血清素

本书刚开始便谈到“大脑多向思考者”就像是个爱心熊。在你们的生命中，需要源源不绝的爱与关怀。如果你们拥有那么多的爱可以给予他人，请别忘了要向对方索取对等的爱与关怀。“大脑多向思考者”喜欢与相同价值观的人互动，彼此尊重，大家共同朝向积极的善意合作。因此，当你选择你的另一半时，请你也必须坚持以上原则。在这个世界上与你相同的爱心熊，的确存在。现在，就等你找到这些爱心熊！

如果你能随时关注你大脑的需求，关心呵护它，注意它对你发出的信号，那么你大脑的功能将会持续优化、进步。因此，成为一位“大脑多向思考者”，将不会是一个不幸，而是一种祝福。

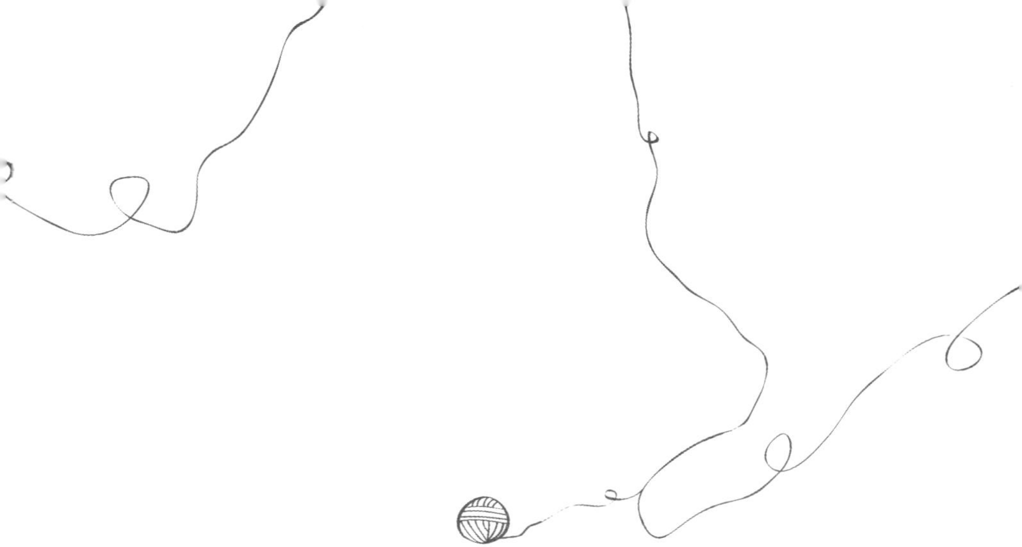

第5章 与自己好好相处，就能与其他人相处融洽

当我们了解自己并能接受自己的原本情形时，个人的自信心就会增加。一旦个人拥有自信心时，不仅会更加信任自己，也会获得他人的尊重。从以前到现在，“大脑多向思考者”不断试着改变自己，以适应他人及融入社会，但结果是令人失望的。当你阅读本书时，你即握有开锁密码，能够解读一般大众的想法与思考。无可否认地，“一般人”是与你不同的，他们现在是如此，未来也会是如此。当你握有解读社会上“隐喻语言”的密码时，你便可以逐渐了解其中的含意。同时，也要舍弃你的完美主义。如此一来，你便可以融入社会里。如果你没有太大的意愿融入这群体，至少你知道“一般人”做哪些行为时，会让你感到尴尬或不舒服。

孤独只是一种选择

常言道："一个人宁愿自己独处，也胜过拥有一个难缠的伴侣。"我相信亚斯伯格症患者会非常同意这句话，并将格言发挥到淋漓尽致。亚斯伯格症患者会视其他人为洪水猛兽，害怕他们入侵到自己的生活范围，也包括他们的家人。因此，一般大众很难理解亚斯伯格症患者，更别提和他们相处，那更是苦不堪言。

相较之下，有些"大脑多向思考者"自己无法忍受孤独一人，宁愿与"不对的人"共同生活。当"大脑多向思考者"与"不对的人"在一起时，容易受到另一半的操控，生活的梦魇因此展开。然而，"真正的孤独"与孤独感是不同的。所谓"真正的孤独"是指一个人独自过活，关上与外界沟通的桥梁。在别人眼中看来他很冷漠，但他不在乎别人对自己的误解。即使这个人生活在人群当中，也有如孤岛。然而我曾咨询过的极端案例中，大部分的"大脑多向思考者"宁愿忍受另一半的精神操控与伤害，也不愿选择独自过活。他们之所以愿意待在受虐环境里，并不是一个"将错就错"的选择，而是用了很差的解决方式面对问题。但"大脑多向思考者"不理解的是，精神操控者与你生活越久，越会降低你的自信心，让你的自我成为真空。同时，也因为他们对你的冷漠态度，让你有如生活在冰窖当中，产生无比强烈的孤独感。相反，单独一个人过活会带给自己更多的温暖。总之，一定会比住在北极冰窖好千百倍！

最好的解决方法便是：先学会独自生活，这样才能找到“对”的伴侣。学会与自己相处，让孤独成为你的好朋友。当然，寂寞是痛苦的。因为一旦你选择独居，寂寞会永远伴随着你。但请记住：你是自己永远的好友。终其一生，你将不会感到孤独无依，因为你已经与“自己”结合了。

有些“大脑多向思考者”会不时产生“遭遗弃的被害者”的想法。也就是说，在他们的心中隐约会存在自己会“被抛弃”的想法。那是由于他们个人非常用心地编织人际网络，形成了与他人密不可分的关系。因此，他们非常恐惧有人会无来由地离开自己。我们也观察到了当他们建立一段关系时，一定不会让自己有退路，也不会让对方与自己有任何距离。对他们而言，为了维持住一段关系，即使粉身碎骨也在所不惜。然而就他们的伴侣或朋友而言，几乎是在其中窒息。

“大脑多向思考者”会不断地要求对方“重视”并“确认”彼此间的关系。他们要求“绝对的排他性”。我相信你现在应该了解“大脑多向思考者”对“绝对”的定义了。如果你发现自己正好符合以上的描述，请不要担心。因为此时你正在重建自信心，正在恢复正直的品格。届时，你将重新整合自己，拾回属于自己的一致性与自主性。你也将不再害怕孤独。因此，这“遭遗弃的被害者”的角色也将随之消失。

对于“他人批评”的心理建设

首先，我们要了解爱批评的人到处都有，无所不在。而且“一般人”会把“批评”这回事当作是帮助他人进步或改善事物的方法之一。但对“大脑多向思考者”而言，常会因为别人的批评指责而受挫。他们会认为自己所做的事一点儿都不符合理想中的完美。若在当下，精神操控者趁虚而入，他们会打击你的自信心，挑拨你与自我间的正向对话。相信在你尚未阅读本书前，当你遭受到批评指责时，由于你纤细敏感的心思，会非常在意他人的批评，大量发散你负面的想法。因此，让你整个人陷入低潮，随着他们起舞，尽量改变自己迎合他人。

但以上所述，都是“之前的你”。从现在开始，不要再在意他人对你个人的批评。因为当一个人对你论断时，其实他正在论断他自己。让我更清楚地说明这句话的意思，也就是说：“当我论断他人时，其实我所批评的那件事，正是我禁止自己做的事。”（可是，有些人却这么做了，实在是不知耻啊！）因此，当我批评一个女孩子的穿着过于暴露时，也说明我严禁自己这么做。由此可知，当一个人批评他人愈严厉时，正代表这个人对自己的行为愈严格限制。所以，你手上正握有解开“批评”密码的钥匙，让我们一起了解“论断他人者”的想法吧！

用反推的方式来说明以上的逻辑。也就是说，当我们倾听自己对他人的批评时，便能够理解自己不愿做的行为或事物。

不要忘记自己是一位“大脑多向思考者”，“一般人”无法理解你的为人处事。一旦对方不了解你时，就不能用全方位的思考方式与你互动，因此你又如何能期待有个真实诚恳的回应呢？因为他的回答都是根据他个人的价值观与行为模式，因此他对你的评断必定是片面扭曲的。例如，有人批评你不稳定，那就是他害怕改变；如果有人说你太情绪化，那是因为他大脑中的杏仁核常处于松懈的状态，因此不易触动情感，我们只能说他真是个幸运儿！

最后，“一般人”所倡导的想法或价值观，有些对你来说是值得借鉴的观念，可以借此改进自己。若对方批评关于你个人“行为”的层面（或“外在”层面。例如，有人对你说，你穿的这件衣服的颜色与你的肤色不搭），而不是达到“身份”层面的批评时，若你觉得他的批评中肯，那就感谢他的指教；若你不同意时，就干脆回他说：“那只是你的意见而已。”因为有些人的批评是来自于社会或教育体系所灌输的价值观。其实当你收到他人的批评指教时，你就把它当作是别人对你的回应。再假设如果某个人明确地指出你的缺点，而这个缺点也正好是“大脑多向思考者”本身具有的特色时，你的心里应该很雀跃，因为他终于发现你的特色了。随后，你可以笑着点头，回他说：“你说得实在没错，我就是如此！”

与伤口“正面对决”

除了害怕被他人批评与害怕孤独以外，“大脑多向思考者”还担心会遭受到他人的排挤，其实这是一种主观性的暴力。本书的第2部分已说明“大脑多向思考者”之所以会被人排挤的原因。事实上，人类早已被制约成“害怕孤独”“担心遭受他人排挤”的心理模式。因此，当自己遭受到某个群体的拒绝后，会有孤立无助的感觉。其实“排挤他人”是一种攻击。施暴者不仅仅是嘲笑戏弄当事人而已，随后还会将当事人与群体隔离。我衷心地祝福“大脑多向思考者”在阅读完本书后，越来越少发生“被排挤”的情况。因为我希望你已经了解到自己与“一般人”的差异，也知道如何理解“一般人”的对话，及当下自己可以做的适当调整。但你要小心身边的“精神操控者”，他们永远会察觉到你的过人之处，适时地介入群体中或接近你，教唆整个群体与你对立，孤立你。因为你拥有的正直善良正是他们所痛恨的。因此，要注意你的四周是否有这类人的存在，避免受到他们的操控或特意将你隔绝于人群。若当你遇到“排挤”的攻击时，你所需要的是培养自己存活的能力。

那就是立即回到人群当中，与人互动。就如我们从马上跌下来，一定要随即爬回马身上的道理一样，不然你之后可能会有“骑马恐惧综合征”。所以，当别人排挤你时，请回头看看身边是否有一些可信赖的朋友或邻居，可以跟他们聊聊天气或一起出门逛街，甚至也可以跟路人闲聊一会儿。若你无法立即与他人建立网络，你一定要独立积极振作。想想看如何让日常生活中的琐事变得有趣或突然来个居家大扫除，处理完你一直想处理的事物。让“排挤”变为自我满意、成就感的来源。你现在可以大声说：“真感谢那个可恶的苏珊，让我有时间能好好清理我的厨房！”

通常来说，为了避免与人群疏离，我们需要建立不同层次的人际网络，友谊关系由紧密到疏远：知心好友、普通朋友与泛泛之交。首先要理解的是，由于人际关系的层次不同，对方提供协助的程度相对会有所不同。“大脑多向思考者”对人际关系的要求是建立深厚、紧密的情感。尽管我理解这一点，但我也建议请尝试接受“点头之交”吧！不要闷着头一味地要求对方要与你维持深厚的情谊，或一直在世界中寻找与你生死患难的人。将深厚的情感放在离你最亲近的人际关系圈中，依据友谊的深度，划出你的界线。

当有人排挤你或霸凌你时，不要选择一味地逃避，要正面面对这个恐惧。拿起勇气，直视施暴者，或用幽默自嘲的方式帮助自己。你可以对自己说：“好了，我想他们认为我是个普通平凡的人，但我认为做个微笑友善的平凡人，总比做个不干脆、不爽快的人好多了！”

活在群体社会中，我们要适时寻求外在的协助。寻求协助的层面包括找到合适的协助，以及谁真的可以提供协助等。因此，有些朋友可以听你说话，帮你排忧解闷；有些朋友可能带你出去透透气，转换心情、想法。然而，在你寻找专业咨询师求助前，请先确认这位咨询师是否能理解你的情况。因为有许多心理咨询师不了解“大脑多向思考者”的状况而进行咨询，他们不但不能帮助你成长，反而把你归类为某种病态的患者，把你推到更偏激的想法里去。

对了，你知道聪明与傻瓜的区别吗？聪明的人知道选择对的人，在对的时间开口说话。

因此，当你与人沟通时，若遇到有人误解你，请不要刻意地强求对方理解你的想法。

退一步海阔天空。试着改变你们谈话的主题吧！

比起被爱，受到尊重更重要

“大脑多向思考者”还有另一项困扰，就是他们需要“被爱”的需求大于“被尊重”的需求。然而将“被爱”的这个需求摆在首位时，其实是毫无意义的。因为我们无法爱一个我们不尊重的人。首先，我们必须获得他人尊重，才有可能“被爱”。总之，无论人们是否喜欢你，但至少都要尊重你。因此，现在需要的是一个保镖看守在你心灵VIP贵宾室的门口，对你所有来访的朋友进行分类，并将精神操控者拒于千里之外。记得“假我”已经不存在于 VIP 贵宾室里了，请用真实俏皮的你，张开手臂欢迎那些你值得接受的亲朋好友。因为到成年后，我们就不再需要所有人的认同，来肯定自己的价值。

若你对自己的心理建设、肯定自我、培养不再依赖他人的能力等信息有兴趣，可以参考我的另一本著作《自信！敢说不！》。⑤

遇到对的另一半，你的人生才会开花

经由我多年的咨询经验，我经常会遇到“大脑多向思考者”与精神操控者二者结合的情侣或夫妇。可想而知，你觉得会是谁来寻求协助呢？当然是“大脑多向思考者”，因为他认为自己完全疯了。有时我会想说：如果“大脑多向思考者”没有发挥像海绵一样的能力，吸收掉精神操控者所有的仇恨，或平衡他伤人的力量，我想这位“大脑多向思考者”早已被他这个吸血鬼伴侣吞噬了。

然而，一旦“大脑多向思考者”离开加害者之后，他们的大脑即刻会很清楚地了解到这些精神操控者的捕食机制，他们不会再重新掉入被人操控的关系中。我真的看到那些被释放的“大脑多向思考者”如何重新拾回他们对生活的热情，大脑不断地绽放出智慧的火花，生

⑤ 由 Jouvence 出版社出版。——作者注

命力旺盛。通常来说，如果“大脑多向思考者”遇到了另外一位“大脑多向思考者”，而且两者对于“超智力”的观念也都是持开放态度，他们将很有机会获得幸福的婚姻。通常我所看到的是一对充满自信活力、幽默善良的贤伉俪；两个人都是非常敏感的爱心熊，永远有谈不完的话题，共同交流激辩，一起携手悠游于山林之中。

当然，我比较少遇到“大脑多向思考者”（右脑思考者）与“左脑思考者”相互契合的夫妻。但这样的组合通常是一个稳定的关系。虽然这位“左脑思考者”也许不完全了解他“大脑多向思考者”的伴侣，但他屈从地接受另一半的高度情绪化。

不可否认，“大脑多向思考者”当然会觉得他们的另一半“左脑思考者”相对地呆板无趣，但他们欣赏对方的冷静与稳定。当一位“左脑思考者”对他“大脑多向思考者”的伴侣说：“你想的问题实在太多了”或“你太挂心于每件事了”这类话时，会帮助“大脑多向思考者”划定他大脑动某种心思的限度。若从理智的角度来看，以上的回答当然会使得这位“大脑多向思考者”的生活陷入索然无味当中。但就精力耗费的角度来看，如果这位“左脑思考者”的伴侣，一直随着这位“大脑多向思考者”天马行空地思考，我想他的伴侣也会累到筋疲力尽吧！因此，这位“大脑多向思考者”需要在他的工作或业余爱好中找到智力挑战或释放精力的事物。如此一来，这对夫妻才能找到他们平衡生活的方式。

“大脑多向思考者”一旦发现有趣的事物，会迫不及待地想要与“左脑思考者”的伴侣相互讨论，分享他知道的一切。但一般来说，“左脑思考者”的配偶并非能够完全理解“大脑多向思考者”的说法。试想这个逻辑：我们如何能把水管放进漏斗里呢？这也就是为什么两者之间会产生隔阂，产生令人沮丧的情形。但也是从这一刻起，“大脑多向思考者”知道了在他的婚姻里，有些事物是无法分享的，得要放弃“共享”这个想法，然后重新找寻与“左脑思考者”伴侣在一起的快乐。

关于伴侣的问题，还有另一种说法。就是男人喜欢娶不比他们聪明的女人。没错，这是一个可怕的性别歧视。一个客观的统计数字可以说明该情况：男人总是娶比他智商低的女人；即使这个男人的智商很高，也是做相同的选择。所以你想想，“智商测试”实在也不是一个“有智慧”的能力测试！

我想，最后长辈的建议是对的：“女孩子要装傻一点儿，才能嫁得出去。”因为聪明美丽的女性到后来只能独守空房。此外，客观统计数字的结果，也是令人失望的：越来越多高学历的女性，很难找得到她们的理想对象。

但冰雪聪明的女士们，请不要绝望。根据我咨询的案例，我观察到这样的女人会非常吸引“右脑思考者”，因为她不会想要操纵控制这个男人。假如这女人是在很警觉理智的状态下选择了“大脑多向思考者”，那么她将会获得幸福的婚姻。因此，根据以上的结论，意味着冰雪聪明的女人需要改变她择偶的标准，不要再奢望那些沙文主义的男子。对“大脑多向思考”的男子择偶的道理也是相同的：请改变你的选择。女人的那些温柔婉约、过于女性化，是你自以为的幻觉，其实她们一点儿都不适合你。

那么，“大脑多向思考者”该如何相互认识，进而携手终生呢？首先，要先说明“大脑多向思考”的女性的个性通常是倾向于男性化（我指的是她们的心理），而“大脑多向思考”的男性则比较阴柔。不可否认的是“大脑多向思考者”都高度开发了他们阳刚与阴柔的能量。可以说“大脑多向思考”的男性是阴，女性是阳。因此，我建议“大脑多向思考”的男子不需要过度表现阳刚的气息，而女人也不用过于女性化。当两位“大脑多向思考”的男女在一起时，刚好阴阳互补，相互平衡。

但还需说明的是，在我咨询的个案当中，有很多“大脑多向思考者”是同性恋者或双性恋者。

总之，若两位都是“大脑多向思考者”，这对夫妇是幸福的，可以相互了解对方，各自平静地过着超智力的生活。因为他们两人接受彼此发散的思考模式，填补了对方真空的自我，恢复了自己的自信心。如果你的另一半尚未了解“你是谁”，请你阅读完本书后，快给他看！

结语

你已经很厉害了

Je pense trop

为什么我们是右脑思考者

从刚开始阅读本书起，我知道你一直想问这个问题：“为什么我会是个右脑思考者？”当然，我也理解你迫不及待想知道答案的心情。如果我回答说：“因为就是这样啊！”或说：“其实我们也都不知道为什么你会是这样。”相信你一定非常不满意我的答案。至今为止的研究当中，许多人都提出了很多假设成因，我试着列出一些说明，回答你的问题。这是因为我也了解到“大脑多向思考者”是拥有开放心态的人，可以面对许多不尽相同的论点。

这个世界上，本来就存在着各式各样的人，例如作为一个艺术家，由于每个人精神状态不同，他可能是一个有创意的艺术家，或是个有丰沛情感的艺术家，或是个饱受情绪折磨的艺术家等。我们翻开历史来看，从古至今，在各个领域中，都不乏出现伟人与天才。显然，“大脑多向思考者”首推的代表人物，即是艺术家达文西。因此，我们开始思考，也许艺术家米开朗琪罗、科学家牛顿与爱因斯坦，及患有亚斯伯格症的音乐家莫扎特可能都是“大脑多向思考者”。在我看来，法国国王路易十六也可能是位“大脑多向思考者”，因为他对钥匙痴迷的程度，几近于亚斯伯格症患者对“某件事物”特别着迷的程度。

那么，我真的拥有超智力吗？没错。但如今我们所使用的智商测试并不适用于发散思考的右脑使用者。因此，我们得建立专门针对右脑思考者所设计的智商检测方法。但回过头来说，这种测试又是为了证明什么呢？

那请问成为一位“大脑多向思考者”是遗传的问题吗？可能吧。近年来，对于研究右脑思考者的基因遗传理论，有许多新发现的论点，说明“大脑多向思考者”是百分之百由于组成基因的排列而产生的结果。所以，也发现“大脑多向思考者”经常出现在拥有共同祖先的同一宗族里，具有血缘关系。我们也可以说，在几百年前，“大脑多向思考者”都是兄弟姐妹。然而，用基因血缘的说法并不能解释所有的案例。因为也有“大脑多向思考者”是家庭成员中唯一的那只天鹅！而且，我们还想问又是什么样的基因会让我们专用右脑来思考呢？因此就我个人而言，遗传基因的论述总让我存疑。就如“是鸡生蛋还是蛋生鸡”的道理一样。但成为“大脑多向思考者”到底是先天还是后天造成的呢？

是由于后天形成的“韧性”造就了“大脑多向思考者”吗？当人

处于危险、不安全或受虐的情况下，会迫使我们一直处于高度警觉的状态中，让我们有机会勇于创新。当然，我们也发现在受虐儿童的案例中，不乏有“大脑多向思考者”的存在。那么或许我们可以称这些用右脑思考的受虐儿童是具有韧性、意志力的人。可是，我们也遇到过这样的案例，即“大脑多向思考”的孩子的父母一般都是用左脑思考的人，并没有故意暴力虐待自己孩子的行为，他们只是竭力遏制这位右脑小神童的思考模式，试图将他调整为“一般人”。但由于左脑思考者的父母未察觉到孩子的超敏感性，因此这对父母会对“大脑多向思考”的孩子产生许多批评与指责，对孩子形成一种心灵的暴力，也算是“受虐”的情况。但如果顺着以上的说法，我们可以说由于孩子受到虐待，因而成为“大脑多向思考者”。但是，如果以上的推论合理，我们也发现所有的受虐儿童并非都是“大脑多向思考者”。因为我曾经也遇到过一位来咨询的“大脑多向思考者”，他是来自温馨和乐的家庭。因此，“后天韧性说”并不成立。因此，我提出一个比较中庸的说法：关于“大脑多向思考”的儿童，他们的确是个没有安全感的孩子，但他们确实比他们的父母头脑更清晰、更明理、更成熟。

由于“大脑多向思考”的儿童本能地察觉到自己的智力胜过父母，同时他们的父母也无法理解孩子的思考逻辑，因此，这些孩子被迫地发展出坚忍毅力的个性。

那难道都是父母的错吗？为何不是呢？因为如艺术家达文西，他的父亲是有问题的。因此我们先不去责怪父母双方，而先讨论父亲这一方。

首先必须说明，孩子与父母是处于一种三角关系的状态。而父亲的功能是将孩子与母亲分离，促使孩子脱离母亲的依赖，强迫他面对外在的世界。一旦父亲的角色无法发挥其功能时，此时孩子所表现出来的思考行为会与“大脑多向思考者”雷同。因此，以下将说明父亲的角色所赋予的使命：

保护的使命：提供家庭实质的保护。自古以来，人们都认知到保护功能是身为一位父亲该执行的使命。该功能的存在，可以减少孩子内心的焦虑。但鲜有人重视保护功能的重要性，因为孩子一旦失去了安全感，会导致他的焦虑感升高。

教育的使命：父亲的处事行为成为孩子的典范指标。而这些指标可以转换成社会上的法律规则、规范界限或禁忌等，引导孩子从婴孩转换为成人。然而“大脑多向思考者”常对“权力”或法律规范等限制感到无所适从，认为其不合逻辑（从他们的观点来看），尤其是对社会上的“暗喻”行为或话语，也常感到不解。

启发的使命：父亲会教导“剥夺”与“匮乏”的概念。因此，孩子会学习忍受挫折，放弃当下的满足。这种解释是否可以说明“大脑多向思考者”看起来不成熟及多愁善感的缘故呢?

分离的使命:父亲的功能是迫使孩子与母亲分离。由于孩子无法重新再回到母体的子宫内享有安全感,因此孩子只好转身面对外在的世界。那是不是因为父亲的角色没有扮演完全,而造成孩子常处于情绪亢奋的状态,无法与母体分离的情结?

亲子关系:孩子继承父亲的姓,也代表了承袭父亲一脉相传的血缘关系,给予孩子身份的合法性。因此,我们看到有些父亲不详的孩子,由于他们无法拥有明确的身份,因此遭受到心理的痛苦。那么之前我们曾提及“大脑多向思考者”真空的自我,是不是又与身份证上父亲一栏的空白有关呢?

其实,我们不只有父亲缺席这个问题而已。假如父亲这个实体是存在的,无论他对孩子的付出有多少,他也可能没尽到作为一个父亲的责任。因此,在孩子未加入这个三角关系之前,作为一个父亲首先要认识到以下事实:

· 作为父亲,一定要是个成熟的男人,但不要认为自己无所不能。

· 身为父亲须理解传宗接代的道理,就是接受自己已是过去式的事实,而现在由孩子传承接棒。

· 父亲要承认母亲的角色是无法替代的,他永远不能取代母亲。

人们对于完美的无尽追求是来自于母体与婴孩的幻想。然而,父亲迫使母亲与孩子分离，要求孩子面对现实世界。由于人[⑥]（当然也包括男士在内）本来就是不完美的（所以人们[⑦]请不要有过高的要求了），所以“大脑多向思考”的儿童会断开与现实世界的连结，依旧沉浸在自己追求完美的无限幻想当中。

以上的解释可以说明“大脑多向思考者”为何在孩子时期没有足够的能力区别残酷的现实世界与虚幻的理想世界。而这种认知的缺乏是由于他们少了一个可以帮助他们理解现实世界、提供安全保护、衣食无缺的父亲吗？西方教育教导人们要回应、满足社会的要求。因此客观地来说，左脑思考者是比右脑思考者具有可塑性与生产价值。反过来说，右脑思考者拥有丰富的想象力与离经叛道的精神，这是左脑思考者无法比拟的。

我们用有趣一点儿的方式来说明人类的大脑功能，拿人类的远亲猿猴来比拟。黑猩猩（chimpanzé）所形成的社会是一个高度规范、纪律严格的组织，甚至还可以用残酷二字形容。或许我们可以将这样的社会形态比喻为我们人类左脑思考者所构成的社会组织。

相较之下，倭黑猩猩（bonobo）则是一个高度合作、具有强烈情

⑥ 法语“homme”，可翻译为人类或男人。因此，作者这里说的是人类。——译者注

⑦ 由于前文提及父亲的角色，因此在这里读者可以自己解读为人类或男人都可以。这是作者一语双关的用法。——译者注

感的群体。它们强调的是“爱与和平”，正如右脑思考者所呈现的情形。

所以，何必要问自己为什么生来如此呢？因为无论你是什么情形，你就是你自己。你的完美无暇与独一无二，都展现在不完美当中。令人惊奇、创意不绝的大脑，会点燃你的生命，让它发光发热，让你永远身在充满爱的梦幻泡泡里，多彩多姿。

人生，不是很美丽并能给你带来惊喜吗？